Die Manns am Bodensee

*»Haben es ganz
gut getroffen ...«*

Familienbild der Manns aus dem Jahr 1927: Monika, Michael, Golo, Katia, Thomas, Elisabeth, Klaus und Erika (v. li. n. re.).

Manfred Bosch

Die Manns am Bodensee

»Haben es ganz
gut getroffen…«

~~~~~~

Südverlag

Inhalt

Einleitung

»Literarische Topographie ist bei Thomas Mann ein lohnendes Feld.«[1]

DIESER BEFUND des Literaturwissenschaftlers Dirk Heißerer ist auf München und Oberbayern gemünzt, also auf Orte und Landschaften von Thomas Manns mittlerer Lebensphase. Was aber dürfte jemanden veranlassen, eine solche Spurensuche für den Bodensee zu unternehmen; müsste dieses Unterfangen nicht schon auf den ersten Blick aussichtslos erscheinen? Sicher: Gleich zu Beginn seines Romans *Der Zauberberg* schickt Thomas Mann sein Alter Ego Hans Castorp über das sogenannte »Schwäbische Meer« in die Engadiner Berge. Und wenn man den Kreis etwas weiter fasst, denkt man auch an Golo Mann mit seinem lebenslangen Bezug zu Salem. Aber darüber hinaus?

Doch gemach: Dem Buchtitel »Die Manns am Bodensee« zufolge geht es um die *Familie* im engeren wie im weiteren Sinn. Um Thomas Manns Mutter Julia da Silva-Bruhns also, um seine Brüder Heinrich und Viktor, um seine Frau Katia sowie vier ihrer Kinder, Erika, Klaus, Golo und Monika. Und bezieht man noch die Eltern Katia Manns mit ein, Hedwig und Alfred Pringsheim, so kommt einiges Einschlägige zusammen – wenn die Ausbeute, um beim Bild des Sees zu bleiben, auch keineswegs uferlos ist. Immerhin ist schon 1991 eine kleine Schrift zum Thema erschienen, die unserem Buch in gewisser Weise vorausgegangen ist: Josef Hobens *Thomas Mann und die Seinen am Bodensee.*

Freilich hat sich, wer sich der Aufgabe eines solchen Überblicks unterzieht, auf eine umfassende Recherche einzustellen. Da im Folgenden sowohl biografische wie literarische Bezüge zum Bodensee eine Rolle spielen sollen – also die Mitglieder der Familie Mann selbst wie Niederschläge in den Mannschen Werken –, erfordert das Vorhaben sowohl die Einbeziehung fiktionaler Texte wie auch die Lektüre von Erinnerungen und Tagebüchern, Essays und Korrespondenzen, ganz zu schweigen von der Berücksichtigung einer Fülle an Sekundärliteratur, die längst unübersehbar geworden ist, sodass jeder Anspruch auf Vollständigkeit als bloße Verstiegenheit erscheinen muss. So kann denn dieses Buch auch nicht mehr als ein Versuch sein, zumal der Verfasser weitestgehend auf bereits publizierte Quellen zurückgreift und auf die Einsicht in handschriftliche Überlieferungen verzichten muss.

Auch tut, wer sich an ein solches Unternehmen wagt, gut daran, sich der Worte Carl Helblings zu erinnern, der im *Bodenseebuch* des Jahres 1927 dem *Zauberberg* einen längeren Essay widmete. Helbling tat dies, wie er zu seiner eigenen Rechtfertigung schrieb, nicht etwa weil »in den ersten Sätzen dieses Romans eine flüchtige Beziehung zum Bodensee besteht, indem der Held der Erzählung auf einer langen Reise über das Schwäbische Meer fährt, ›über seine springenden Wellen hin, über Schlünde, die früher für unergründlich galten‹« – es wäre denn doch »ein zu billiger und wohl etwas lächerlicher Vorwand«, wollte man »die Verwurzelung des wahrhaft Großen in einem winzigen Fäserchen suchen«. Und er fährt fort: »Denn mit Großem hat man es hier unzweifelhaft zu tun, so daß nicht mehr als einer geistigen Verpflichtung genügt ist, wenn in dieser Zwiesprache der Geister auch der Zauberberg sich für wenige Augenblicke öffnet.«[2]

Auf den vorliegenden Versuch gemünzt, kann dies nur heißen: Es gilt, über allfällige Bezüge der Familie Mann zum Bodensee hinaus nach Möglichkeit auch Essenzielle(re)s über diese Landschaft mitzuteilen.

Manfred Bosch
Konstanz, Januar 2018

»Sehr schöne Fahrt
über den Bodensee…«

Julia Mann oder:
Erste Spuren

~~~~~~

~~~

WO ABER WÄRE bei dieser Schriftstellerfamilie, in der buchstäblich jeder schrieb, überhaupt anzusetzen?

Was die mütterliche Seite betrifft, so hat Klaus Mann seine Urgroßmutter Hedwig Dohm dafür verantwortlich gemacht, dass »der gefährliche Keim der literarischen Ambitionen«[3] in die Familie hineingetragen wurde. Indes ist von ihrer Seite eine literarische Beziehung zum Bodensee ebenso wenig bekannt wie von Hedwigs Mann Ernst Dohm, dem Herausgeber des Satireblattes *Kladderadatsch.*

Was die väterliche Linie anlangt, so hat Eva Kormann als frühestes Zeugnis jenes »weitverzweigten Netzwerks autobiographischen und familienbezogenen Schreibens«[4] die Erinnerungen von Julia da Silva-Bruhns, verheiratete Mann, ausgemacht, der Mutter von Heinrich, Thomas, Julia, Carla und Viktor Mann. Ihre Aufzeichnungen *Aus Dodos Kindheit,* 1903 in der dritten Person niedergeschrieben, beschränken sich zwar auf das Geburtsland Brasilien, das Julia mit sieben Jahren verließ; doch unter den zahlreichen Dokumenten, um die *Aus Dodos Kindheit* 1991 in einer Neuausgabe erweitert worden ist, findet sich auch der knapp gefasste Bericht einer Reise von Lübeck nach Süddeutschland. Julia Mann hat sie 1888 gemeinsam mit ihrem Gatten unternommen, dem Senator Thomas Johann Heinrich Mann – sie führte von Oberbayern und Tirol über den Arlberg an den Bodensee.

Bei aller stichwortartigen Gedrängtheit gibt der Bericht doch einen recht lebendigen Einblick in den Bodensee-Tourismus jener Tage wie auch in den Kanon der Sehenswürdigkeiten, wie sie für die sogenannten »besseren Kreise« zum Programm gehörten:

»Weiter durch das Rheintal bis Bregenz. Dort mit der Bahn dicht an den See. Steuerkontrolle, Dampfschiff ›Kaiser Wilhelm‹ – herrlicher Rückblick auf die Tiroler Alpen. Sehr schöne Fahrt über den Bodensee bei immer günstiger Witterung – vorüber an Lindau, Friedrichshafen, Rorschach, Mainau, nach Konstanz. Von dort per Bahn über Schaffhausen nach Neuhausen, ›Schweizerhof‹, weibliche Bedienung in Schweizer Tracht. Schönes

Zimmer, Aussicht auf Rheinfall. Großes Diner in herrl. Saal. Schweizer Wein.
Halb 10 Uhr bengalische und elektr. Be-
leuchtung des Falles. Mitten aus ihm
heraus stiegen Raketen und Leuchtku-
geln. Freitag, d. 7ten, früh bei schwüler
Luft Spaziergang über Rheinbrücke
nach Schloß Laufen; durchs Haus, Ansichten gekauft; Känzli am Fall, bald
zurück; kochend heiß ins
Hotel, eingepackt,
1 Uhr Rückfahrt nach
Konstanz; Insel-Hotel;
ehemal. Dominikaner-
kloster, wo Hus gefan-
gensaß, bis er dort vor
dem Tore mit Hieronymus
von Prag verbrannt wurde.
Wir suchten die Stätte auf,
an der nun ein efeu- und
moosbewachsener Stein liegt.
Konziliumssaal; dort 1417 Papst-
wahl. Museum (von Kaiser Wilhelm I. 1870 eröffnet). Rathaus
mit schönen Fresken. Spaziergang
am See, aufziehendes Gewitter, Regen. Abends Bierlokal ›Barbarossa‹

⌐ Julia Mann-da Silva Bruhns
mit ihren Kindern Julia, Heinrich
und Thomas, Lübeck, 1879.
⌐ Die Mutter Julia Mann,
Lübeck, vor 1893.

am Obermarkt. Sonnabend, d. 8ten, früh 9 Uhr fort mit Schwarzwaldbahn
über Singen, Donaueschingen u. Villingen ...«[5]

Da der Reisebericht zwar die zu Hause gebliebenen Kinder Heinrich
und Julia erwähnt, nicht aber den damals dreizehnjährigen Thomas, wäre
es denkbar, dass er seine Eltern auf dieser Reise begleitet hat. Dann freilich
wäre dies seine erste Begegnung mit der Schweiz und dem Bodensee gewesen, die gemeinhin erst mit seiner Hochzeitsreise von 1905 angesetzt wird.

Die Kenntnis von *Aus Dodos Kindheit* verdanken wir Viktor Mann,
Julia Manns Jüngstem, der zwei Jahre nach jener Reise auf die Welt kam:

»Zu meiner Freude entdecke ich zuunterst in einer Kiste mit geretteten
Papieren Mamas Manuskript ›Dodos Kindheit‹, von dem ich im Herzog-

THOMAS MANN

1550 SAN REMO DRIVE
PACIFIC PALISADES, CALIFORNIA

27. Maerz 1951

Herrn Johannes Weyl
Sued-Verlag,Konstanz
Konstanz

Sehr geehrter Herr Weyl:

Ich habe Ihnen noch fuer Ihren
freundlichen Brief zu danken; auch uns war es ein
Vergnuegen, Ihre Gattin bei uns zu sehen, und wir
freuen uns, zu hoeren, dass sie sich wohl gefuehlt
hat.

Vor einigen Tagen ist nun auch das
Maschinenmanuskript der Aufzeichnungen meiner Mutter
eingetroffen. Ich habe diese Blaetter mit Ruehrung
gelesen und koennte mir vorstellen, dass sie,
natuerlich nur fuer einen kleinen Kreis von Interessierten,
nicht ohne Reiz sein werden. Eine Einleitung aber
moechte ich nicht dazu schreiben, aus denselben
Gruenden, aus denen ich es damals ablehnen musste,
die Autobiographie meines verstorbenen Bruders Viktor
einzuleiten. Sie haben diese Blaetter von ihm erhalten,
und mir scheint, besonders angesichts der grossen
Sympathie, die man ihm in Deutschland entgegen gebracht
hat, es waere das Beste, wenn Sie sie in einer Vorbe-
merkung gewissermassen als ein Vermaechtnis von ihm be-
zeichneten.

Ihre Gattin fragte damals, ob man die
kleinen Fehler des Manuskripts verbessern sollte. Ich
meine nun, dass man das charakteristische "Ich erinnere"
mit Akkusativ statt "Ich erinnere mich an" ruhig lassen
soll. Dagegen sollten kleine Verstoesse wie "der Verbot"
statt das Verbot und dergleichen wohl verbessert werden.
Unbedingt wuerde ich empfehlen, ueberall statt des abge-
kuerzten u. "und" zu setzen.

Mit wiederholtem Dank und freundlichen
Gruessen,

Ihr sehr ergebener

Thomas Mann

Brief Thomas Manns vom 27. März 1951 an Johannes
Weyl, *Aus Dodos Kindheit* betreffend: »Ich habe Ihnen noch
fuer Ihren freundlichen Brief zu danken [...]«.

Cover von Julia Manns *Aus Dodos Kindheit*,
Rosgarten-Verlag, Konstanz, 1958.

strassen-Kapitel gesprochen habe«, ließ er am 29. März 1948 mitten in der
Arbeit an seinem familienbiografischen Buch *Wir waren fünf* seinen Verleger Johannes Weyl vom Konstanzer Südverlag wissen. Das Manuskript
bestätige zwar nur, was er schon in seiner Familiengeschichte geschildert
habe – doch beschreibe es »das Leben bei ihren [der Mutter Julias, M.B.]
Eltern und Großeltern sehr farbig einschließlich Tier- und Pflanzenwelt.
Auch Rio mit Tropenregen, Kirchenfesten und wildem Karneval, die
schwarze Amme Anna, die Reise nach Le Havre, Hamburg und Lübeck
etz. etz.«[6]

Der unternehmungslustige Verleger Weyl durfte diese Mitteilung nicht
allein als Wink zum Druck des unverhofften Fundes verstehen, sondern
auch als Bereitschaft des Sohnes, ihn herauszugeben. Viktor Mann verstarb
indes am 21. April 1949 nach Abschluss der Korrekturen zu *Wir waren
fünf*, sodass er weder das Erscheinen seines eigenen Buches erleben noch
viel weniger das von *Aus Dodos Kindheit* veranlassen konnte. Hinzu kam,
dass Weyl nach der Währungsreform dem Aufbau seiner Tageszeitung

OKTOBER 1949 ✴ 1 MARK

DIE ERZÄHLUNG

ILLUSTRIERTE ZEITSCHRIFT FÜR FREUNDE GUTER LITERATUR

Zum Bildbericht über
»Wir waren fünf«
das Buch Viktor Manns
über die Familie Mann
im Inneren dieses Heftes

Einst, als die Welt noch einfach war:
Julia Mann, die Mutter der Dichter,
als Kind Dodo auf dem Arm ihrer Mutter, Maria da Silva-Bruhns

〜 Cover der literarischen Zeitschrift *Die Erzählung*,
Südverlag, Konstanz, 1949. Bildunterschrift: »Einst, als
die Welt noch einfach war. Julia Mann, die Mutter der
Dichter, als Kind Dodo auf dem Arm ihrer Mutter Maria
da Silva-Bruhns«.

Südkurier den Vorrang gegeben hatte und seinen Buchverlag nach 1950
ruhen ließ. Immerhin hatte er sich am 27. März 1951 bei Thomas Mann eine
Option für Julia Manns Buch gesichert. Erschienen ist es schließlich 1958
im Konstanzer Rosgarten-Verlag Dr. Friedrich, den Weyl aus einer Kon-
kursmasse erworben und danach weiterveräußert hatte.

»*Haben es ganz gut getroffen …*«

Katia Mann
auf Sommerfrische
am Untersee

~~~~~~

~~~

VON EINER ERSTEN BERÜHRUNG der Familie Mann im engeren Sinne mit dem Bodensee zeugt eine Karte Katia Manns vom 16. April 1922 aus Überlingen. Sie muss im Zusammenhang mit einem Besuch bei Heinrich Mann stehen, der sich dort im *Badhotel* von einer lebensgefährlichen Erkrankung erholte. Wenige Wochen später finden wir Katia Mann erneut am Bodensee; diesmal machte sie mit ihren Ältesten Erika und Klaus Urlaub auf der Insel Reichenau.

In *Kind dieser Zeit* geht auch Klaus Mann auf diese Episode ein:

»Im Sommer 1922 waren wir mit Mielein [Kosename für Katia Mann, M.B.] auf der Insel Reichenau im Bodensee. In dem Hotel, wo wir wohnten, bedienten russische Emigranten höchsten Adels, die aber hochmütig und unwirsch gegen die Gäste waren, wie ich das nie wieder gefunden habe, und sich untereinander stets mit eisernen Mienen Fräulein Meier und Herr Schulz nannten. Dort war es übrigens, wo ich die ›Jungen‹ schrieb.«[7]

Ausführlicher berichtete Katia Mann selbst nach ihrer Rückkehr nach München über diese Sommerfrische ihrem »Lieben Reh«, wie sie Thomas Mann brieflich anzureden pflegte. Dieser verbrachte gerade einige Tage auf Usedom, wo er sich mit Heinrich nach jahrelangem Bruderzwist zu versöhnen suchte.

»... man sagte mir gleich«, heißt es in Katias Brief vom 13./17. August 1922, »daß am Bodensee alles überfüllt sei, und wir kundschafteten diesen Aufenthalt hier auch erst nach vielen Fehlversuchen aus. Haben es ganz gut getroffen mit diesem Kurhaus, welches, direkt, mit Terrasse, Badehaus und Boot am See gelegen, doch eine Art Katiulein-Aufenthalt bildet, und mit dem Wetter haben wir auch großes Glück. Originell an dem Hotel ist, daß es durchweg von adeligen baltischen Flüchtlingen geführt und bedient wird, so ist der Hausdiener Herr Beck, ein livländischer General, ebenso das bei Tisch bedienende Frl. Schulz (Gott, etwas weniger langweilige bürgerliche Namen hätten sie sich ja aussuchen können!) von altem Adel, etc.; im ganzen machen sie ihre Sache ganz ordentlich, nur die Wirtin ist über diesen Zustand der Dinge (ja vielleicht mit Recht) beleidigt und lässt ihren

~~ Die Schiffslände auf der Insel
Reichenau, o. J.
~~ Das Strandhotel *Löchnerhaus*
auf der Reichenau, o. J.

Unmut auf hochmütig-verdrossene Art an den Gästen aus. Die Kinder sind
recht heiter und albern, und der braune Aissi [Familienjargon für Klaus,
M.B.], die Wogen teilend, wirkt ein bißchen dekadent. Das Publikum ist
ziemlich gleichgültig, gänzlich unjüdisch, wir sind ja wohl die einzigen. Am
Mittag treten wir wohl die Heimreise an, haben dann genug Geld vertan,
obwohl es relativ nicht teuer ist. (200 M Pension.) Die öffentlichen Blätter
sieht man hier gar nicht, was ja einerseits nicht unangenehm, andererseits
aber doch etwas unheimlich ist. Dir wird es ja an politischen Anregungen
nicht fehlen. Bin doch sehr neugierig, wie Du auf die Dauer mit dem Hein-
rizi [gemeint: Heinrich Mann, M.B.] harmonirst. Du bist doch bis jetzt
schließlich immer nur mal eine Stunde mit ihm zusammen gewesen, und
ein gewagtes Experiment ist es doch. Ärgere Dich nur nicht, und lasse Dich
nicht tyrannisieren.«

◦ Schloss Salem, Außenansicht, zwischen 1923 und 1927.

◦ Schloss Salem, Jugendliche beim Laufsport,
zwischen 1923 und 1927.

Im selben Brief ging Katia Mann ausführlich auf einen Abstecher nach Salem ein, wo sie für Sohn Klaus auf eine Unterbringung im Internat hoffte. Der Hochbegabte hatte das als Eliteschule geltende Münchener Wilhelmsgymnasium besucht, empfand Schule jedoch als lästige Pflicht, bezeichnete den Unterricht als trübsinnig und war von der obrigkeitsfrommen, ja

reaktionären Stimmung der Schule angewidert. Er wollte Tänzer und Schriftsteller werden und sah nicht ein, weshalb es dazu eines Abiturs bedurfte – schließlich hatte der Vater auch keins. Katia Mann berichtete:

»In Salem waren wir zwei Tage, und ich hatte vorwiegend günstige Eindrücke von der im prinzlichen, sehr schönen und weitläufigen Barock-Schloß gelegenen Schule, vor allem von Kurt Hahn, der es

~ Blick auf Schloss Salem am Bodensee, historische Ansichtskarte, o. J.

mit seinem Erzieherberuf ungewöhnlich ernst zu nehmen scheint, und ethisch und intensiv wirkt. Aissi war auch recht von ihm angethan, er seinerseits von diesem, man kann sagen bis zur Erschütterung begeistert. Trotzdem war das Resultat leider negativ. Ich halte es ja selbst für möglich, daß das dortige ›Gemeinschaftsleben‹, welches ununterbrochen von morgens bis abends währt, mit sehr viel ›praktischer Arbeit‹ doch nicht das Richtige wäre, der Haupteinwand in Augen Hahns aber waren die (augenblicklich ja abwesenden) Kameraden, welche, durchwegs von geistig schlichter bis einfältiger Art, den Klaus sich allzu vereinsamt würden fühlen lassen. So mußte er mir, nach schlafloser Nacht, von einem Eintritt in die Schule abraten, interessiert sich aber weiterhin aufs Lebhafteste für die Entwicklung dieses wundervollen, aber gefährdeten Knaben, wollte in seinem Interesse an die ›Odenwaldschule‹ schreiben, die nach seiner Ansicht eventuell in Betracht käme, auch vom ›Deutschen Kolleg‹ hatte er Gutes gehört. Na, so müssen wir eben weiter sehen, aber es tut mir eigentlich leid, und ich glaube nicht, daß wir einen verständnisvolleren und empfänglicheren Erzieher für Klaus je finden werden. Dagegen schien mir die Anstalt für Golo sehr in Betracht [zu] kommen, für den das ununterbrochene

Zusammensein mit anderen und infolgedessen Beaufsichtigtsein, auch der Sport und die praktische Arbeit, gerade das Richtige wäre, und ich besprach die Sache mit Hahn, unter Erwähnung seiner Verfehlungen (die ihm keinen allzu großen Eindruck machten), der ihn voraussichtlich auch nehmen wird, nur wünscht er ihn, wie alle Schüler, die er aufnimmt, erst persönlich kennen zu lernen. Die Schule ist ja übrigens eine ausgesprochene Fasanerie, für den Prinzen Berthold, Sohn des Prinzen Max, gegründet, und wird wohl auch allerlei Fehler haben, eine gewisse, etwas thörichte

Katia Mann, München, 1924.

Anglomanie fiel mir schon auf, aber im ganzen schien es mir doch etwas sehr Gutes zu sein. – Dies war also Salem.«[8]

Wie schon im Fall des Aufenthalts auf der Insel Reichenau gibt es auch für den in Salem eine ergänzende Schilderung durch Sohn Klaus:

»Wir machten einen Ausflug zu der Schloßschule ›Salem‹ am Bodensee; Kurt Hahn, der sie leitet, ist ein alter Bekannter unserer Mutter. Man empfing mich dort mit Interesse, aber man wollte mich nicht gern dabehalten. Der Leiter der Schule – der sich mehr von den englischen Erziehungsmethoden als vom Pathos der deutschen Jugendbewegung beeinflussen ließ und von der Jugend als Programm, als eigenem Lebensalter mit eigener Ethik nicht viel hielt – sagte einiges Schmeichelhaftes [sic!] über mich, vor allem aber, daß ich ›gefährdet‹ sei. Schon zu weit schien ich ihm in der Gefährdung gekommen, als daß er einen Rettungsversuch an mir riskieren wollte.«[9]

An Paul Geheeb von der Odenwaldschule aber, bei dem Klaus Mann nach einem kurzen Intermezzo an der Bergschule Hohenwaldhausen ab September 1922 unterkam, schrieb Hahn, bei dem Fünfzehnjährigen handele es sich »um einen ungewöhnlich begabten und fein veranlagten Jungen, von dem aber keineswegs sicher steht, wozu seine Begabung ihn führen wird. Er hat sehr ernsthafte geistige Interessen, ist durch sehr vieles Lesen sehr früh an die meisten Probleme des menschlichen Denkbereiches herangeraten, und hat seine Kindlichkeit und Natürlichkeit bei dieser Art geistigen Tätigkeit eingebüsst. So macht er auf uns heute den Eindruck eines überaus manierierten, selbstgefälligen, frühzeitig gereiften und fähigen

Jungen, dessen Lebenskraft angeknaxt ist und der das natürliche Interesse an seiner Umwelt verloren hat, und seine künstlich herangebildete Unfähigkeit in allen Dingen des praktischen Lebens mit Eitelkeit kultiviert und unter einer Verachtung der Welt der Tat und [des] Handelns bemäntelt.« Dringend benötige er Gleichaltrige und geeignete Lehrer, die ihm helfen könnten, sich stärker »in den Dienst einer Gemeinschaft zu stellen«.[10]

An Hahns Einschätzung traf vieles ins Schwarze. »Erziehung ist Atmosphäre, weiter nichts«[11] – entsprechend diesem väterlichen Diktum hatten die beiden Ältesten die vielfachen geistigen und literarischen Anregungen des Elternhauses von klein auf in sich aufgenommen und in eigene Ambitionen umgemünzt. Erika Mann legte früh eine Begabung als Schauspielerin an den Tag; nicht minder Klaus, bei dem sich bald literarische Ambitionen in den Vordergrund schoben, die sich in kompletten Dramen und Erzählungen niederschlugen. Zusammen mit den Kindern der prominenten Nachbarn Bruno Walter, Constanze Hallgarten und Erich Marcks spielten sie Haustheater, gründeten den *Laienbund deutscher Mimiker* und inszenierten eigene wie fremde Stücke.

»Bei Lessing angelangt«, schreibt Klaus Mann in seinen Erinnerungen, »gedachten wir unser Niveau zunächst nicht zu senken. Unter Molière und

◠ Katia Mann mit Klaus und Erika, München, 1907.

Shakespeare taten wir es nicht.«[12] Doch das Theaterspiel allein erschien der Truppe alsbald »zu legitim [...]. Wir suchten das Böse, wo immer es uns auffindbar schien.«[13]

Als »Herzogparkbande« machten die *enfants terribles* mit einem kapriolenreichen und abenteuerlichen Treiben auf sich aufmerksam, wobei auch vor nächtlichen Streifzügen, Kaufhaus-Diebstählen und Festmählern mit ausnahmslos gestohlenen Speisen und Getränken nicht zurückgeschreckt wurde. »Den Versuchungen der Stadt«, räumte Klaus Mann in seiner ersten Autobiografie ein, »waren wir nicht gewachsen, zudem mit unserem Bekanntenkreis zu sehr auf das böse Leben eingespielt.«[14] Natürlich wussten Thomas und Katia

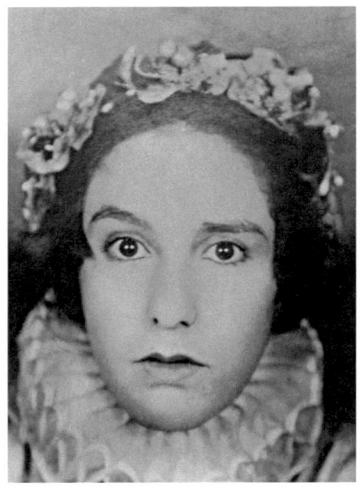

﹌ Erika Mann als Königin in Schillers *Don Carlos*, München, 1928.

Mann um die Begabung ihrer beiden Ältesten, aber auch um die gefährliche Ziellosigkeit dieses Treibens. So sahen sie sich genötigt, mit einer »drastischen Lektion«[15] dem Unfug zu wehren.

Im Rückblick erwies sich die Lektion für Klaus Mann jedoch »als ziemlich milde«: »Wir wurden in ein Landerziehungsheim geschickt«, »nicht gerade eine Besserungsanstalt mit eiserner Disziplin.«[16]

Es handelte sich um die reformpädagogische Bergschule Hochwaldhausen im Vogelsberg, zu deren Gründung Thomas Mann 1911 zusammen mit anderen Persönlichkeiten aufgerufen hatte – war er doch der Überzeugung, dass Jugend eine autonome und eigenwertige Lebensform sei und nicht bloße Vorbereitungszeit auf das Erwachsenenleben darstelle. Hier wurden Erika und Klaus, inzwischen sechzehn- und fünfzehnjährig, Ostern 1922 angemeldet. Sie blieben jedoch nur wenige Monate: Erika kehrte ins Elternhaus zurück und machte im Frühjahr 1924 ihr Abitur, um nach Besuch einer Schauspielschule auf einer der Reinhardt-Bühnen ihr erstes Engagement zu erhalten; Klaus entschied sich im Sommer für die Odenwald-

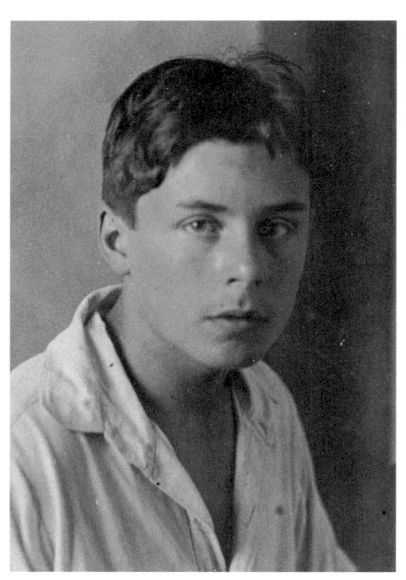

﹌ Klaus Mann, um 1920.

schule.

»... *wo Schule und Leben*
        zur harmonischen Einheit
verschmolzen ...«

Golo und
Monika Mann in Salem

~~~~~~

~~~

ANSTELLE VON KLAUS fand ein Jahr später der Drittgeborene Angelus Gottfried Thomas, genannt »Golo«, Aufnahme in Salem. Auch er hatte anfangs das Münchener Wilhelmsgymnasium und das Alte Realgymnasium besucht; beide verließ er unzufrieden und mit schwachen Leistungen. Noch unglücklicher fühlte er sich daheim, nachdem die beiden bewunderten Geschwister Erika und Klaus aus dem Haus waren und er sich vermehrtem elterlichen Druck ausgesetzt sah. Auch wurde ihm – aufgewachsen »im Schatten von zwei älteren Geschwistern, die in ihrer Jugend unvergleichlich brillanter waren als ich«[17] – nicht allzu viel zugetraut, sodass er sich zurückgesetzt sah, ja als ungeliebt empfand. Dass ihn sein Vater, den er sein Leben lang immer nur »Thomas Mann« nannte, dann doch noch schätzen lernte, erfuhr er erst spät, zum Teil aus den Tagebüchern des Vaters.

Vorderhand verlegte sich Golo aufs Drollige und Skurrile: »Aber wenn er einmal anfängt, ungezogen zu werden, ist er ganz fürchterlich«, hatte Katia Mann über Golo notiert. »Über alles fängt er dann an zu gnauzen, steigert sich allmählich in ein grauenhaftes Plärren, ist weder mit Freundlichkeit noch mit Strenge zu beruhigen, schreit, halbe Stunden lang, so weiter, eigensinnig, hoffnungslos, und sieht dabei so über alle Maßen abscheulich aus, daß man nicht anders kann, als ihn hassen ...«[18]

So reiste Katia Mann mit Golo, der von sich sagte, nicht mehr »gut getan« zu haben und rückblickend von einer »elende[n] Kindheit«[19] sprach, Ostern 1923 nach Salem. Auf ein Gespräch mit Kurt Hahn musste sie diesmal so lange warten, dass sie ganz verärgert und versucht war, »[n]ach einem so wenig entgegenkommenden Empfang [...] den Plan lieber auf[zu]geben ...«[20]

Dass Katia Mann dies nicht tat, war zum Wohl des Vierzehnjährigen: Er empfand Salem als Befreiung. Als einer der ersten Schüler – das Landerziehungsheim war erst 1920 eingerichtet worden – bezog Golo ein Zimmer, das er sich mit neun Mitschülern teilte, und schätzte die Gemeinschaft mit anderen in spartanischer und liberaler Atmosphäre von Anfang an. Zum Schulalltag gehörten neben dem Unterricht Sport und Gartenarbeit,

~ Katia Mann mit ihren Kindern Monika, Golo, Michael, Klaus, Elisabeth und Erika (v. li. n. re.), München, 1919.

Geländespiele und Ausflüge; sodann vor allem Theaterspiel, dessen Bedeutung man für Golo kaum überschätzen kann. Hier kam Golo zu sich selbst. Und mit dem Bodensee schließlich entdeckte er eine Landschaft, die ihm – anders als Erika und Klaus, die reine Stadtmenschen waren – von Anfang an lieb war und lebenslang vertraut blieb.

An die erste Begegnung mit dieser Landschaft erinnerte er sich im Vergleich mit den oberbayerischen Seen folgendermaßen:

»Der Bodensee war anders, hatte eine andere Dimension. Auf der bayerischen Landkarte im Klassenzimmer sah man nur seine östliche Hälfte, schön gerundet am Ende, breit und lang. Das Erdkundebuch gab genauere Auskunft: fünf Staaten hatten an ihm teil, und seine Fläche war so groß, daß alle Menschen der Erde auf ihr Platz fanden, freilich etwas engen, und viele Städte lagen an seinen Ufern, nicht nur so ein paar Dörflein. Wann würde ich den Bodensee zu sehen bekommen? Es geschah Ostern 1923, auf der langen Reise nach dem Landerziehungsheim Schloß Salem: Umsteigen in Ulm, Umsteigen in Friedrichshafen, Umsteigen in Mimmenhausen, dort in die Salemer Talbahn [...]. In Friedrichshafen also sah ich den See zum ersten Mal, und er enttäuschte mich nicht. Es war stürmisches Wetter, das

Wasser schwarzblau mit schaumgekrönten Wellen, das Schweizer Ufer in blasser Ferne. Da begann eine Liebe, die mich ein Leben lang begleitet hat. Sie schloß das Land mit ein.«[21]

Nicht nur die Landschaft kam Golo entgegen, er empfand auch den Unterschied zum Münchener Gymnasium als wohltuend:

»Die Schulklassen waren klein, etwa zwischen sieben und zehn Teilnehmern; die Lehrer jung, frei der Umgang mit ihnen; nichts mehr von dem Ducken vor dem energischen, dem grausamen Quälen der alten und hilflosen Studienräte, wie es in München der Brauch gewesen war. Den Lateinunterricht gab Kurt Hahn selber der ›Untersekunda‹ in seinem Zimmer, und nie habe ich einen besseren Lehrer gehabt.«[22]

Im Herbst 1924 folgte Monika ihrem Bruder nach Salem. Zusammen mit dem letztgeborenen Michael gehörte auch sie zu den »Ungeliebten«. Dem Vater galt sie als »naiv und dickfellig, von meistens törichtem Benehmen, aber musikalisch begabt«, und wie Michael schien sie ihm ein »bockiges, uninteressantes Kind«[23]. Von der geliebten Volksschule in der Nachbarschaft, wo sie sich rasch das »Droschkenkutscheridiom« angewöhnt hatte, für das man sie zu Hause verhöhnte, hatte man sie zunächst auf eine Höhere Töchterschule geschickt, auf die sie mit Verweigerung reagierte:

»Ich war aufsässig und faul, was zusammen mit der apädagogischen, unförderlichen Atmosphäre der Schule zu Katastrophen führte. Außer ›Französisch‹, ›Deutsch‹, ›Turnen‹ und ›Singen‹ interessierte mich überhaupt nichts: alles andere suchte ich zu ›schwänzen‹, mit Bubenstreichen zu umgehen [...]. Derartiges wurde auf so gefährliche Spitzen getrieben, daß ich eines schönen Tages im Bogen aus der ohnedies verhaßten Schule flog.«[24]

So musste sie Salem, »wo ›Schule‹ und ›Leben‹ zur harmonischen Einheit verschmolzen«, gleich Golo als Befreiung empfinden:

»Alles nahm dadurch eine Wendung zum Neuen und Guten [...]. Der Lehrer war zugleich Freund und Mentor, und bei der Disziplin, die dem Kind für den ganzen Tag auferlegt wurde, bekam es bald eine moralische Selbständigkeit, ein Selbstverantwortungsgefühl, bislang ungekannt. Das Zuhause war wie ein Nest gewesen, wo Schutz und Autorität der Eltern im Grund jede Tat ›deckten‹, während dies ein Staat war, ein Reich mit Regeln, Bedingungen und Gesetzen, mit umfassenden Möglichkeiten, sich auszuzeichnen, zu blamieren, avancieren, reüssieren – hier war man nicht ›Kind‹, ›Schülerin‹, sondern ›Mensch‹, und eben dies war neu und gut. Gut in

 Golo Mann, München, 1923.   ⟋⟍ Monika Mann, München, um 1925.

unserem Fall, wo das Töchterlich-Abhängige in seiner Ausgeprägtheit eine Gefahr bildete. Alles stand jetzt unter dem Aspekt der Ganzheit: die Schüler oder Zöglinge waren Kameraden, Mitmenschen, vor denen man sich ebenso umfassend zu beweisen hatte wie vor den Obrigkeiten: hier gingen – auf elementare Art, versteht sich – Pflicht und Humanität und Freude Hand in Hand.«[25]

Schwester Erika hingegen sah in den Internatskosten für Monika nur hinausgeworfenes Geld und glaubte ihrer Mutter, die die ersten Jahre ihrer Tochter im »Monika-Büchlein« durchaus noch liebevoll begleitet hatte, Vorwürfe machen zu müssen:

»Bist zornig? Daß ich so gegen Deinen ausgesprochenen Rat Moni nach Salem gab, war ja wohl auch recht unartig«, schrieb Katia Mann an ihre Tochter in befremdlicher Umkehrung üblicher Autoritätsverhältnisse zurück. »Aber ich meine immer: der genius loci ist das Entscheidende, und wenn er so ethisch und unerotisch wie in Salem ist, sind die Gefahren der Koedukation nicht allzu groß. Aus dem Haus mußte und wollte das Kind, so muffig und unerfreulich wie es war, und nun kamen noch Schulunannehmlichkeiten dazu, großer Krach mit Zimmermann, sodaß Rektor Schmidt mir dringend nahe legte, sie anzumelden, wobei der scharfsichtige

Mann äußerte, Moni habe manchmal geradezu etwas von einem Dienst-
mädchen in ihrem Niveau und der Gegensatz zwischen Euch beiden
Schwestern, wo doch der gesamte Lehrkörper immer so große Freude an
Dir gehabt, sei zu erstaunlich. Bei Golo haben wir in Salem doch so gute
Erfahrungen gemacht, und sie wollte es auch so leidenschaftlich gerne: Der
erste Brief klang nun freilich etwas enttäuscht, sie muß sich wohl erst ein-
leben, und ist in vieler Hinsicht ja auch recht verwöhnt. Übrigens ist es ein
rechtes Opfer, denn nachdem sie jahrelang von den meisten Eltern so gut
wie nichts genommen haben, sind sie jetzt vor dem Bankrott und infolgedessen plötzlich unsinnig teuer.«[26]

Die »Gefahren der Koedukation« nahm auch Kurt Hahn in Kauf. Dass
in Salem Mädchen aufgenommen wurden, war vor allem ein Tribut an den
Zeitgeist, der, von der Odenwaldschule abgesehen, in der Landschaft der
Erziehungsheime damals ein Novum darstellte. In Salem hatte Koedukation
primär eine taktische Funktion: »die Jungen sollten Ritterlichkeit erlernen
und sollten gegen homoerotische Anwandlungen desto besser gesichert

Die Schülerkarte aus Salem von Monika Mann.

bleiben.«[27] Aus dieser Absicht sprach vor allem Hahns eigene einschlägige Neigung, die er »moralisch mißbilligte und mit einer mir unvorstellbaren Anstrengung des Willens in sich selber erstickt hatte. Die Folge war, daß er, was er in sich selber zum Schweigen zwang, überall witterte, fürchtete und mit wahrhaft inquisitorischen Mitteln dagegen vorging ...«[28]

Darin glich Hahn nur zu sehr Thomas Mann. Auch ihm war es lediglich unter großen Mühen gelungen, die »Hunde im Souterrain« an die Kette zu legen. Ein sprechendes Beispiel für diese Sublimierungsleistung ist ein Sa-lem-Besuch, den er mit einer Le-sung vor Schülern verband. Dabei stach ihm ein »schöner Vierzehn-jähriger spanischen Geblüts« ins Auge, der später »wegen seiner exotischen Schönheit [...] das Modell des ›jungen Joseph‹«[29] ab-gab. Das war nichts anderes als ein Sieg über die Triebe durch ihre Verwandlung in Kunst, wie sie humoristisch in Wolf Bier-manns Vers »Die so aufgesparte Glut/ Kommt dann meinem Werk zu Gut!« zum Ausdruck kommt.

Niemand sollte sich hierin einmal von seinem Vater radika-ler unterscheiden als Sohn Klaus: Dieser lebte aus, was Thomas Mann an Entsagung durch litera-

~ Kurt Hahn, um 1933.

rische Leistung angstvoll zu kompensieren suchte. Pedanterie und Ord-nungssinn, Sesshaftigkeit und Bürostundenfleiß, ja die gesamte Lebens-führung des Vaters waren ihm im Tiefsten fremd. Dem übermächtigen Vaterbild entkam Klaus Mann freilich nicht:

»Von Anfang an hätte ich versuchen können, mich dieser schwersten Belastung zu entledigen, indem ich unter einem Pseudonym veröffentlich-te. Aber – sogar vorausgesetzt, solche Maske wäre zu wahren gewesen – ist es statthaft, um die bitterste Problematik des eigenen Lebens, die zugleich die höchste Verpflichtung ist, sich einfach herumzuschwindeln?«[30]

Im Unterschied zu Golo, der vier Jahre lang in Salem blieb, absolvierte Monika deren nur zweieinhalb. Ostern 1926 schied sie mit Abschluss der

Untersekunda aus. Auch auf sie blieben Salem und die Bodenseegegend nicht ohne Eindruck:

»Das ehemalige Kloster – von einem süddeutschen Prinzen zum Internat verwandelt – lag in einer fruchtbaren, lieblichen Gegend. Von Obsthainen, Ackerland, Wald und Rebenhügeln umgeben, berührte der Schulkomplex das prinzliche Anwesen, das wiederum an Dorf und Pfarrgemeinde grenzte. Dahinter lag der große Sportplatz, wo die traditionellen Hockeyturniere und olympischen Spiele stattfanden, die – nach englischem und griechischem Muster – ein wesentliches Lebenselement darstellten. In den spartanischen Viererzimmern des ›Südflügels‹ – mit den Klappbetten, einem eisernen Ofen und einem Studiertisch – wohnten die Mädchen, im ›Nordflügel‹ die Knaben, die jedoch ein gemeinsames Dasein führten. Die zellenartigen Zimmer, die teils auf den Prinzengarten, teils über das Land hin blickten, hatten einen eigenen Reiz, nicht am wenigsten, wenn es draußen weiß und frostig war, der Ofen brannte und die Mädchen – im Alter zwischen 12 und 17 Jahren, von denen eines ›Zimmerführerin‹ war – da beisammensaßen. Um neun Uhr abends mußte das Licht gelöscht sein, und um halb sieben Uhr morgens weckte uns die sonderbar heisere Stimme des Hausburschen zum Dauerlauf. [...] Über dieser Welt des Sports, der Musik, Naturforschung, Handwerkerei und des Spiels standen die Schlagworte ›Kameradschaft‹ und ›Menschenehre‹ geschrieben.«[31]

Wie gut Monika Salem tat, zeigen ihre musikalischen Erfolge bei Schüleraufführungen. In Mozarts *Figaro* gab sie vor begeistertem Publikum die Susanna:

»Das beste dabei war wohl die eigene echte Begeisterung. Jung und dumm, wie ich war, hat dies Mozart-Erlebnis tiefe Spuren in mir hinterlassen. Das offizielle Singen und Darstellen dieser Musik war – es sei schlichten Tons festgestellt – für das Kind erhebend. Wir hatten immer mit viel Freude und Fleiß geprobt – das ›Briefduett‹ sang ich schon im Traum – und standen nun in Bereitschaft für den großen Abend. Es waren Einladungen an die Dorfbewohner ergangen, an den Bürgermeister, den Pfarrer, den Doktor, an benachbarte Bauern und Edelleute [...] es klappte alles wundervoll. Ich kann sagen, es war ein Haupttreffer meiner frühen Jugend. ›Presse und Publikum‹ verhießen mir eine glänzende Opernkarriere – als ob Verheißung nichts wäre! – Zur Erfüllung kam es indes nicht.«[32]

Was für Monika Musik und Gesang, bedeutete für Golo, der die Schwester in seinen Salemer Erinnerungen auf knapp einhundert Seiten kein einziges Mal erwähnt, das Theater. Beim geschwisterlichen Spiel in der häuslichen Diele war seine Spiellust noch kaum zum Zuge gekommen. Im Tagebuch vermerkte Thomas Mann einmal Golos »Erbostheit« darüber, dass er bei der Rollenvergabe in Theodor Körners *Gouvernante* übergangen worden war und sich »als Theaterdiener im Frack [...] nicht genügend auszeichnen konnte«.[33] Solches Missvergnügen hatte unter den Gleichaltrigen in Salem ein Ende:

»Vierzehnjährig fing ich an mit dem Soldatenschulmeister in Wallensteins Lager [...]. Es folgte mit fünfzehn der Antonio in Shakespeares ›Was ihr wollt‹, noch eine zwei- bis drittklassige Rolle, mit sechzehn jener verhängnisvolle Hirte im sophokleischen Ödipus [...], mit siebzehn dann der König oder Tyrann Kreon in der Antigone, und ein halbes Jahr später der Dorfrichter Adam im Zerbrochenen Krug.«[34]

Zur Rolle des Kreon hieß es anlässlich einer *Antigone*-Aufführung im November 1926 in der Schulzeitschrift: »Kreon – Golo Mann – überwand schnell eine anfängliche Indisposition. Sein innerer Zusammenbruch am Schluß erschütterte mich – und ich glaube auch alle anderen Hörer – bis ins tiefste.«[35]

Und zu Golos Rolle in *Der zerbrochene Krug* war zu lesen:

◠ Golo Mann als Kreon in Sophokles' *Antigone*, Schüleraufführung in Salem, 1926.

»Eine sehr gute schauspielerische Leistung war der Richter Adam. Golo Mann hat während des ganzen Spiels keinen toten Augenblick gehabt. Sein Mienenspiel war so sprechend wie seine Zunge und bildete den Übergang, wo immer ein solcher zwischen den Vorgängen nötig war, oder den Kommentar, wenn ein Moment in der Intrige nicht genügend Beachtung gefunden hätte. Dabei war der Schelm Adam nicht ganz ohne einen liebenswürdigen Zug, der dem Interesse des Zuschauers Wärme gab.«[36]

Von der vorhaltenden Wirkung weniger des Schultheaters allein als des Deutschunterrichts generell zeugt die Schilderung eines langen Spaziergangs, den Wolf Jobst Siedler mit Golo Mann vierzig Jahre später unternahm:

»[...] in meiner Erinnerung sind hauptsächlich Verse geblieben, die Golo Mann, ohne viel auf mich zu achten, gleichsam vor sich hinsagte – immer wieder August von Platen, Eduard Mörike, Theodor Storm, vieles aus der ›Matratzengruft‹ von Heinrich Heine und dann ganze Szenen aus ›Wallensteins Tod‹, wobei ihm die Augen feucht wurden, was er, den Kopf zur Seite drehend, zu verbergen suchte.«[37]

In seiner Salemer Zeit hatte Golo Mann auch selbst zu schreiben begonnen. In seiner Erzählung *Vom Leben des Studenten Raimund*, die unschwer als Selbst- und Wunschbild zu erkennen ist, heißt es:

»Und dann, am letzten Abend vor den Weihnachtsferien, kam die große Theateraufführung, an der man schon lange geübt hatte. Alle spielten gerne und manche gut, aber keiner so leidenschaftlich wie Raimund, der auch meist die Initiative hatte. Es war mancherlei, was ihn beim Spielen beglückte. Da war Gelegenheit, aus sich herauszugehen, in den heroischen, stolzen oder bitteren Worten eines anderen seinen eigenen Stolz, sein eigenes Leid zu verkünden ...«[38]

So verstärkte Salem, was schon von klein auf in Golo Mann angelegt war. In einem seiner Gedichte bekennt er:

»An Verse hielt ich mich seit früher Zeit
Sie waren mein Besitz, mein Glück, mein Beten
Und fremder Geister Schmerz und Süßigkeit
Sie schmeichelten in kranken Kindernöten.«[39]

Von der Bedeutung der Bodenseelandschaft für Golo Mann war bereits die Rede. Sie weckte in dem Heranwachsenden nachgerade Boyscout-Instinkte, verbunden mit einem wachen Sinn für historische Zusammenhänge:

»Um Birnau war es noch einsam und still damals, keine Autostraße, unge-
trübte Freude am frommen Jubel der Barockkirche, an der weiten Sicht
draußen, Vergnügen an der Limonade unten in einer Gartenwirtschaft [...].
Radtouren zur Reichenau, über Konstanz, das nur mit dem Schiff zu errei-
chen war, von einer Autofähre träumte niemand. Die uralte Zivilisation der
reichen Aue, der Wein, die drei Klöster, die Gruft des Carolus Crassus in
Unterzell. Die Schlösser und Wälder hoch über dem Schweizer Ufer, Herr-
lichkeiten, die ich später genauestens kennenlernte.«[40]

Drei Dinge, so sollte der Latinist Manfred Fuhrmann in einer Laudatio
auf Golo Mann 1987 formulieren, habe ihm Salem neben der Liebe zu dieser
Landschaft mitgegeben:

»... die Beschäftigung mit der Geschichte sowie mit der deutschen und
lateinischen Literatur, die Erziehung oder besser eine Anleitung zur Selbst-

～ Das *Hotel Barbarossa* in Konstanz, 1920er-Jahre.

33

erziehung, durch welche sich das Internat Salem damals deutlich von den üblichen Schulen unterschied, und schließlich einen unmittelbaren Zugang zur deutschen Politik während des Ersten Weltkrieges. Die erste prägende Kraft, den Unterricht, bekunden die Memoiren in ausführlicher Schilderung. Die Salemer Erziehung wiederum mag manches geformt und gefestigt haben, was die Memoiren nicht aussprechen, aber erkennen lassen: die zurückhaltende, ja spröde Art der Selbstpräsentation, das Mißtrauen gegenüber jeglicher Verkürzung der Wirklichkeit durch simplifizierende Heilslehren, das unbeirrbare Streben nach Gerechtigkeit im Urteil über andere. Von dem dritten Pfund endlich konnte Golo Mann damals, als es ihm, dem Heranwachsenden, auf den Weg gegeben wurde, noch nicht viel wissen: daß er sich in unmittelbarer Nähe von Persönlichkeiten befand, die versucht hatten, die Ereignisse des Jahres 1918 in eine für Deutschland und für ganz Europa weniger unglückliche Richtung zu lenken.«[41]

Zu diesen Personen gehörten Prinz Max von Baden und Kurt Hahn, der Mann, der zur Leitfigur wurde, zu der »Persönlichkeit, die mich in früher Jugend bei weitem am stärksten und nachhaltigsten beeinflußt hat; derart, daß ich noch ein wenig aufgeregt war, als ich ihn im Sommer 1955, nach 22 Jahren, wieder traf«[42], erinnert sich Golo Mann. Im Gegensatz zum aristokratisch-nationalkonservativen Klima der Schule entwickelte sich Mann jedoch zum Demokraten und Pazifisten, der für deutsch-französische Verständigung eintrat und dem der Komment der Farbentragenden zuwider war.

Im Frühjahr 1927 legte Golo Mann am Konstanzer Suso-Gymnasium das Abitur ab; Salem war als Privatschule noch nicht prüfungsberechtigt: »Während des ›Schriftlichen‹ Wohnung in der ›Pension Zeiss‹, deren Besitzerin die Gemütlichkeit der Zimmer lobte, nur waren sie entsetzlich kalt, während des ›Mündlichen‹, ein paar Wochen später, im ›Hotel Barbarossa‹, Nachmittagspausen im ›Kaffee Daumer‹.«[43]

Im deutschen Aufsatz konnte Mann wählen zwischen »›Die Entsühnung des Orestes durch Iphigenie‹, ›Die Stein- und Hardenbergischen Reformen, ihre Wurzeln und ihre Ausführung‹, ›Die Bedeutung der Presse‹. Natürlich wählte ich das historische Thema und bewältigte es glanzvoll«.

Das Mündliche befehligte ein junger Assessor, Doktor Brecht. »Mich fragte er nach dem ›Entwicklungsroman‹, und ich wußte bald, worauf er hinauswollte: Von Wolfram von Eschenbach: *Parzival*. Von Goethe: *Wilhelm Meister*. Von Gottfried Keller: *Der Grüne Heinrich*. Von Carl Hauptmann – wußte ich nicht – *Einhart der Lächler*.«

Dann kam das Erwartbare – die Frage nach Thomas Mann und seinem Roman *Der Zauberberg,* der »allerlei hübsche Fragen über Personen und Sinngebilde des Romans [folgten]. Der das Ganze kontrollierende Referent aus Karlsruhe, nachdem die Prüfung beendet war: ›Sie waren ein guter Patronus Patris.‹«[44]

Auch Brecht zeigte sich zufrieden; er gab die Note 1. Es war derselbe Mann, der Golo Mann fast ein halbes Jahrhundert später den Mannheimer Schiller-Preis verlieh, zu dessen Kuratorium Brecht gehörte. Und mit welchen Gefühlen verließ Golo Mann Salem?

»Unfroh reiste ich zwei Tage später von dannen; getrennt nun von den dünnen Wurzeln, die ich in Salem geschlagen, noch jämmerlich unreif, mit eben achtzehn Jahren, bei einiger Intelligenz ein Später eher als ein Früher, durchaus unfähig noch, mein Schiff ohne Rat zu steuern; weit und breit niemand, der mir dabei würde helfen können.«[45]

Mit guten Noten in den ihm wichtigen Fächern Deutsch und Geschichte war Golo Mann zunächst nach Hause zurückgekehrt, um seit Sommer 1927 ohne genauen Plan in Berlin und seit 1929 in Heidelberg zu studieren (Hauptfach Philosophie; Nebenfächer Geschichte und Volkswirtschaft). Bereits im Sommer 1931 zog es ihn erneut an den Bodensee. Er fuhr »nach Meersburg mit einem Pappkoffer, gefüllt mit dem Nötigsten und sechs oder sieben schweren Hegelbänden, um dort während der Sommerferien an meiner Dissertation zu arbeiten.«[46] Von den vielen Touristen genervt, wich er nach Bodman aus:

»Am Vormittag brütete ich über Hegels genialischem Unsinn, nachmittags fing ich bald an, die Umgegend zu erforschen: hinauf über die Ruine Bodman bis zum Kamm oder Bodanrücken (!) mit den Ausblicken nach beiden Seiten. Ein paar Mal begegnete ich erstaunlich großen, gefleckten Schlangen, die sich auf Felsen sonnten; man sagte mir, daß sie harmlos seien, ganz im Gegenteil zu den kleinen grauen. Der Überlinger See wirkt hier ganz anders als bei Birnau, ein dunkler Waldsee; wie der Bodensee sich ja überhaupt durch die Vielfalt seiner Landschaften auszeichnet. Darin unterscheidet er sich von seinem Rivalen, jenem anderen gewaltigen Fluß-See am Rand der Alpen. Der Genfer See ist ganz aus einem Stück, so herrschaftlich imposant, wie die Landsitze, welche im vorigen Jahrhundert reiche Engländer sich an seinen Ufern errichten ließen. Und wer würde es wagen, den Säntis mit dem Mont Blanc zu vergleichen? Aber der Léman ist geheimnislos; den Bodensee muß man er-fahren.«[47]

Doktorvater war Karl Jaspers, der in seinem Promotionsgutachten zwar die Begabung Manns, zumal seine schriftstellerischen Qualitäten, anerkannte, den souveränen Umgang mit dem Stoff aber vermisste, sodass es nur zu einem »cum laude« reichte. Als »peinlich unreif«[48] beurteilte Mann seine Arbeit später selbst; besser gelungen schien ihm seine Abschlussarbeit über die Wallenstein-Forschung, mit der er den zweiten Teil seines Studienplans absolvierte – das Staatsexamen für das höhere Lehramt.[49] Von beruflichem Nutzen war ihm 1933 beides nicht mehr.

Golo Mann, Heidelberg, um 1930.

»Ich muss, muss, muss
berühmt werden.«

Erika und Klaus Mann,
die mondänen
»Dichterkinder«

~~~~~~

<p style="text-align:center">~~~</p>

MAN KÖNNE SICH DEN UNTERSCHIED zwischen den vier älteren Geschwistern kaum groß genug vorstellen, schreibt Tilmann Lahme in seiner Biografie über Golo Mann:

»Hier die beiden Salemer Monika und Golo, angehalten zu Ehrlichkeit, Disziplin, Abstinenz von Alkohol und Nikotin, zu Sport, gesunder Lebensweise und gemeinschaftlichem Engagement, dort die mondänen älteren Geschwister, die sich in das Münchner Nachtleben stürzten und als ›Dichterkinder‹ für Schlagzeilen sorgten. Sie machten erste Erfahrungen mit Drogen und erkundeten ihre erotischen Neigungen – die von Klaus richteten sich aufs eigene, Erikas auf beide Geschlechter.«[50]

∾ Erika und Klaus Mann als die »Mann Twins«, 1927.

Während sich Golo und Monika, die beiden »Mittleren«, noch um ihre Schulabschlüsse mühten, schickten sich Erika und Klaus Mann an, sich medienwirksam als Stimme der jungen Generation zu inszenieren, prominente Bekanntschaften zu sammeln und als »Mann Twins« für Furore zu sorgen. Insbesondere Klaus erwies sich als Getriebener. »Ich muss, muss, muss berühmt werden«, feuerte er sich selbst an. In der Novelle *Unordnung und frühes Leid* behandelte ihn Thomas Mann indes äußerst herabwürdigend.

Von der Odenwaldschule hatte der literarisch hochambitionierte Klaus Mann den Stoff für sein Theaterstück *Anja und Esther* mitgebracht, das in einem Internat für gefallene Kinder spielt. Als es im Herbst 1925 an den *Münchener Kammerspielen* aufgeführt wurde, trugen die homoerotischen Beziehungen zwischen den beiden Titelfiguren ebenso zum öffentlichen

∾ Das *Kurgartenhotel* in Friedrichshafen, historische Ansichtskarte, o. J.

Aufsehen bei wie ihre Besetzung: Neben Erika und Klaus Mann spielten Pamela Wedekind und Gustaf Gründgens, deren private Beziehungen dem Leben der Protagonisten nur allzu sehr zu gleichen schienen. Denn bereits 1924 hatte sich Klaus Mann mit Pamela Wedekind verlobt, und zwei Jahre später sollte Erika Mann den damals noch unbekannten Regisseur Gustaf Gründgens heiraten, der für die Einheirat in die Familie Mann sogar »Erikas Geschlecht in Kauf«[51] nahm.

Nach der Trauung vor dem Münchener Standesamt fuhr das Paar im Sommer 1926 in die Flitterwochen an den Bodensee. Ihr Ziel – das mondäne *Kurgartenhotel* in Friedrichshafen – galt dem Thomas Mann-Biografen Klaus Harpprecht zu Recht als »merkwürdig«[52] – und doch fiel die Wahl kaum zufällig auf dieses Haus. Erika Mann kannte es bereits von einem gemeinsamen Besuch mit Pamela Wedekind: Die Gästeliste hatte die beiden vier Wochen zuvor als »Erika Mann, Schauspielerin« und »Herr Wedekind aus München« aufgeführt.

Ende Juni 1926 hatten Erika Mann und Pamela Wedekind einen Abstecher ins thurgauische Uttwil auf der anderen Seeseite unternommen. Dort lebte »Mopsa« Sternheim, die Tochter des Dramatikers Carl Sternheim und seiner Frau Thea, die Pamela Wedekind während ihrer Ausbildung zur

⌒ Erika und Klaus Mann mit Pamela Wedekind, 1925.

Kostüm- und Bühnenbildnerin kennengelernt hatte. Über sie war auch der Kontakt zu Erika und Klaus Mann zustande gekommen. Nun glossierte Thea Sternheim im Tagebuch halb belustigt, halb indigniert das Auftreten der beiden in dem kleinen Dorf:

»Von Friedrichshafen kommen Erika Mann und Pamela Wedekind. Pamela, die Tochter Frank Wedekinds, Erika, die Tochter Thomas Mann[s], in jedem Fall Kinder ungewöhnlicher Deszendenz, die eine achtzehn-, die andere neunzehnjährig: die eine besitzt im Voraus unsere Sympathie, die andere unser Interesse. Was kam heraus: offenbare Tendenz zu weiblicher Emanzipation, der Reflex eines literarisch interessierten Milieus. Sie fühlen sich wichtig, sind schlagfertig, klug, sogar dreist [...]. Wie die drei Dichterkinder, Erika Mann, Pamela Wedekind und Thea Sternheim, am Abend vor uns nach Romanshorn gehen, lache ich mit Karl [Carl Sternheim, M.B.] über ihre betont lesbische[n] Allüren. Betont männliche Aufmachung. Pamela hantiert die Reitpeitsche.«[53]

Zurück zu den Flitterwochen Erika Manns und Gustaf Gründgens' im noblen *Kurgartenhotel*, das die Luftschiffbau Zeppelin GmbH 1910 als Renommierprojekt errichtet hatte. Lange blieben die beiden Frischvermählten

nicht allein, denn unvermittelt forderte Erika ihre Geliebte Pamela Wedekind neuerlich zum Kommen auf:

»Viele, viele Grüße, meine geliebte Göttin, von der Ehefrau [...]. Ein
großer Schreck war es schon! Aber dann gings [sic!] ja alles ganz gut. In
Feldafing aß sichs [sic!] zu Mittag und das Abendfest war sogar recht lieb.
Eine fein-rührende Rede hielt der Zauberer – (sprach sogar von Deinem
Astralleibe, den er neben Kläuschen sitzen sähe!) [...]. Und jetzt sind wir
einfach im Kurgartenhotel, wo groß und klein uns frivol behandeln muß,
da niemand und der Klügste nicht, den Ehestand uns glauben kann [...]. –
Meine Pamela, bitte, bitte komm bald. So schrecklich gern möchte ich es,
weil ich Dich eben doch über die Maßen liebe. Schau, das Kläuschen kommt

wohl am Sonntag oder Montag. Willst
Du nicht mit ihm reisen? – G[ustaf]
G[ründgens] sprach ich schon davon
und auch er sähe Dich gern und würde
das Beisammensein begrüßen. Alles
Zärtliche, E.«[54]

Süffisant bemerkte Großmutter
Hedwig Pringsheim über diese »komische moderne Ehe«, die 1929 wieder
geschieden wurde, daß sich »schon
gradezu der heilige Geist bemühen
müßte, um mir Urgroßmütterfreuden
zu verschaffen«.[55] Gründgens, von seinem Schwiegervater Thomas Mann
nur »Ab-Gründgens« genannt, ent-
schwand denn auch rasch wieder Richtung Hamburg, wo er *Frühlings Erwachen* inszenierte, das Skandalstück des
»diabolischen Moralisten«[56] Frank
Wedekind. Über den »Typus Gründgens« würde Klaus Mann später seinen

~ Gustaf Gründgens, o. J.

Roman *Mephisto* schreiben, der das Bild eines hochbegabten, maßlos ehr-
geizigen Künstlers und anpassungsbereiten Karrieristen zeigt. Gegen den
Begriff »Schlüsselroman« in Bezug auf Gründgens verwahrte sich Mann
allerdings.

Unter den geladenen Gästen in Friedrichshafen war auch Golo Mann.
»[I]ch kam von Salem angeradelt«, erinnerte er sich, und Erika »war etwas

entsetzt von meinem Aussehen, derart, daß sie mir erst Eau de Cologne, dann Puder ins Gesicht sprühte, so was war mir noch nie vorgekommen, so wenig wie die Eleganz des Restaurants. Erinnere ich mich recht, so waren auch mein Bruder Klaus und seine Freundin Pamela Wedekind mit von der Partie. Friedrichshafen war ein stilles Nest damals, nichts von der geschäftigen Industriestadt, die es heute ist.«[57]

Auch der umtriebige Klaus Mann ließ sich bald darauf in Uttwil sehen. »Der Besuch bei Sternheim war sehr sonderbar und ergreifend«, teilte er Erika am 11. August 1926 mit. »Es stellte sich heraus, daß Sternheim, am Vorabend meiner Ankunft, ›Anja und Esther‹ gelesen hatte, und es erschütterte mich ein wenig, aus diesem krankhaft schimpfsüchtigen Munde extremes Lob zu hören. Er wußte es nur mit dem ›Wozzeck‹ und ›Frühlings Erwachen‹ zu vergleichen, stellte es gewissermaßen über beide – und selbst über die ›Schule von Uznach‹.«[58]

Klaus Mann, um 1924.

»Die Schule von Uznach« – das war der Titel eines Dramas, das Sternheim wenige Monate zuvor vollendet hatte. Klaus Mann nannte es eine Komödie von »dauerndem Wert und Reiz«, in der »ein schon Alternder, schon böse und bissig Gewordener sich boshaft-lustig mit einer neuen Generation – die ihn anzieht und ihm doch mißfällt – auseinandersetzt.«[59] Etwas nüchterner und realitätsnäher erkannte Thea Sternheim in dem Stück ein »Produkt von freier Schulgemeinde und bürgerlich saturierter Bohèmeatmosphäre«[60].

Im Zentrum steht der Internatsleiter Dr. Siebenstern, dem sein Institut vor allem zur Befriedigung seiner erotischen Lüste dient, umgeben von »vier bildschöne[n] Mädchen im Alter von siebenzehn bis zwanzig Jahren«[61]. Wenn zwei von ihnen ein lesbisches Paar sind und sowohl der Sohn des Internatsleiters als auch Sternheims eigener Sohn die Vornamen »Klaus« tragen, ferner ein weiteres Mädchen sich verlobt, stellt sich unwillkürlich der Verdacht ein, der Autor habe sich stark der Wirklichkeit bedient und spiele auf die »Dichterkinder« mit ihren homoerotischen Querbezügen, Verlobungen und Heiraten an, die ebenfalls alle Ernsthaftigkeit und bürgerliche Verbindlichkeit vermissen ließen.

Stünde demnach das im Kanton St. Gallen gelegene Uznach für das thurgauische Uttwil? Die Regieanweisungen des Stücks sprechen klar dafür, bilden sie doch die reale Topografie der Villa Sternheim exakt ab: »Im Hintergrund Dr. Siebensterns Empirewohnhaus – Die Schule von Uznach – mit Böschung nach vorn und Treppe in der Mitte. Hinter dem Haus blauer Horizont des Bodensees.«[62]

Thea Sternheim schreibt denn auch: »Erika, die Tochter Thomas Manns, Pamela, die Tochter Frank Wedekinds, achtzehn- und neunzehnjährig, sind lebende Figurinen zur Schule von Uznach.«[63]

Eine Figurine auch Carl Sternheim selber: Hinter dem von voyeurhafter Gier und triebhafter Sexualität besessenen Dr. Siebenstern verbirgt sich der Verfasser, der mit seiner Neigung zu geckenhafter

～ Erika Mann, um 1925.

Eitelkeit und pathologischem Größenwahn zum Anlass ständiger Erniedrigung und Demütigung seiner Frau werden musste.

In ihrem eng an die Realität angelehnten Roman *Die Poesie der Hörigkeit* enthüllt auch Lea Singer die Grundkonstellation des Stücks als diejenige Sternheims:

»Am Tag nach Mopsas Ankunft in Uttwil stand der Postbote vor der Tür, als sie zurückkehrte von einem Kontrollgang am Ufer, mit nackten nassen Füßen. Er wollte gerade die Glocke ziehen. Ein Telegramm, adressiert an Thea und Carl Sternheim. Tausendfachen Dank für Widmung Uznachschule. Ein wunderhübsches Stück. Zweifellos sensationeller Erfolg. Grüße an Sie beide. Benn. Er hatte keine Ahnung. Wüsste Benn irgendwas von den Nachstellungen ihres Vaters, ihn müsste dieses Lustspiel anwidern. Es ging darin vor allem um Sternheims Gelüste. Wer ihn kannte, durchschaute sofort, dass die Schule von Uznach eine Schule von Uttwil war, die Sternheim in seinen feuchten Träumen errichtet hatte. Eine Schule für modernen Ausdruckstanz, die ihre Schülerinnen gymnastisch und philosophisch aufrüstete. Damit sie sich gegen patriarchalische Idioten behaupten konnten. Die handelnden Personen: Bildschöne Mädchen im Alter von 17 bis 20. Nach dem Gesetz also minderjährig. Aufnahmebedingung: Sie hätten bereits entjungfert zu sein. Der Direktor ein Dichter, der sein Geld anders verdienen musste, hieß nicht Sternheim, aber Siebenstern und hatte den Doktortitel, den Mopsas Vater so gern gehabt hätte. Auch

43

sonst alles klar. Links Bodenseeufer, hinten links ein Badeschuppen, offen nach vorn ... Thylla, Maud, Vane in der Hütte beim Auskleiden. Unter dem Vorwand der körperlichen Ertüchtigung ging es um freistehende Brüste, rasierte Achseln, Schenkel, Schambeinfuge, Beckenring und geschmeidige Gürtelmuskulatur. Siebenstern hatte ein Verhältnis mit einer der bildschönen Schülerinnen und schaute zwei anderen gerne zu, wenn sie sich küssten und befingerten. Natürlich verschwieg Sternheim seinem Arzt, dass ihn minderjährige Frauen, ob die eigene Tochter, deren Freundin oder die Mädchen im Schilf, mehr animierten als die von Benn bewunderte Gattin, für Sternheim ein bodenloses Gefäß, in dem seine Männlichkeit und Genialität ersoffen [...].«[64]

Als Thea Sternheim sich 1927 zur Trennung von ihrem Mann durchrang, zog in Uttwil – Pamela Wedekind ein. »Ich kann mir mit aller Phantasie nicht vorstellen«, reagierte Klaus Mann auf die neue Liaison, »wie das zu Ende gehen soll.«[65] Vorderhand trat Pamela noch mit dem »Ehepaar« Erika Mann/Gustaf Gründgens und ihrem Verlobten Klaus Mann in dessen Tournee-Komödie *Revue zu Vieren* auf, die im selben Jahr am *Alten Theater* Leipzig herauskam – von der Presse schlagzeilenträchtig als »Kinderkreuzzug« ironisiert. (Auch Mopsa war wieder mit von der Partie, die, wie schon für *Anja und Esther*, das Bühnenbild entworfen hatte; die Musik stammte von Katia Manns Bruder Klaus Pringsheim.)

Im Herbst 1928 stattete Klaus Mann Uttwil einen erneuten Besuch ab, über den er im Nachhinein an Pamela schrieb:

»Was sich zwischen uns auch ergeben mag: ich bin sehr froh, Dich wiedergesehen zu haben und bei Euch gewesen zu sein. Ich hatte, nach dem ersten Abend, das Gefühl einer Todesangst: alles wäre umsonst gewesen und zwischen uns jede Verbindung unmöglich. So weit hatte es Sternheim mit seiner unbarmherzig examinierenden Art gebracht.«[66]

Kurz darauf ereilte Sternheim eine akute Nervenkrise, gefolgt von einem totalen Zusammenbruch, der seine Einlieferung ins Kreuzlinger Sanatorium von Ludwig Binswanger erforderlich machte. Während seines fünfmonatigen Aufenthalts besuchte ihn Thea Sternheim verschiedentlich und wurde so Zeugin der »Verheerungen seines Leibs, seiner Seele«[67].

1930 heiratete Pamela Wedekind den 28 Jahre älteren Dramatiker. 1941 – zwischendurch war sie durch Gründgens ans Berliner Theater am Gendarmenmarkt engagiert worden – ging sie eine Ehe mit dem Schauspieler Charles Regnier ein. Über die Bekanntschaft mit Barbara Weyl, der Frau des Konstanzer Verlegers, gelangten ihre *25 Chansons de la vieille France*, mit denen sie als Sängerin u. a. in Singen und Konstanz, Überlingen und Ravensburg gastierte, an den Südverlag, der sie 1949 als Buch herausbrachte.

»Unverändert jugendlich-frisch, mit dem markanten Profil, das Scherz wie Tragik spiegeln kann, sich selbst auf der Gitarre begleitend«, urteilte der *Südkurier* am 22. Juni 1948 über ihren Konstanzer Auftritt, »meistert sie alle Töne dieser alten Chansons, Graziöses und Grausiges, das Lied des zarten Mädchens, des reifen Weibes wie des rauhen Soldaten.«

Ins Kreuzlinger Sanatorium *Belle-Vue* führen spätere Spuren einer weiteren Person aus dem Umfeld Erika und Klaus Manns. Ihre Schweizer Freundin Annemarie Schwarzenbach, Tochter eines millionenschweren Unternehmers und einer dominanten Mutter, von der sie sich zeitlebens nicht lösen konnte, hatte in Zürich Geschichte studiert und fand als schwarzes Schaf ihres Familienclans in weltweiten Reisen die einzig erträgliche Existenzweise. In Sils hatte sie Thomas

~ Pamela Wedekind und Carl Sternheim nach ihrer Trauung, 1930.

Mann aus ihren Novellen vorgelesen, die nicht auf ungeteilten Beifall stießen. Klaus Mann, dessen Exilzeitschrift *Sammlung* sie mitfinanzierte, machte sie in seinem Roman *Treffpunkt im Unendlichen* zur Hauptfigur. Zwischen 1936 und 1938 hatte Schwarzenbach die USA bereist, wo ihr beeindruckende Reportagen und Fotoserien gelangen. Zurückgekehrt, hatte sie, wie Klaus Mann drogenabhängig, im Sommer 1938 in einen Entzug eingewilligt.

»[W]as habe ich getan, dachte ich, was tue ich, was habe ich Unersetzliches eingebüsst«, schrieb sie am 3. August 1938 an Klaus, »um eingesperrt im Irrenhaus, ausgeliefert den bösen oder e t w a s freundlicheren Zufällen der Ärzte-Meinung zu sein, die auf meine Eltern niederprasselt, während ich dazu mich nicht äußern darf. [...] So kam denn, überraschend, gestern meine Mama – und zum ersten Mal musste ich von Dr. Binswanger ehrlich enttäuscht sein. Denn statt zu sprechen oder sprechen zu lassen (er tut dies

~ Richard »Ricki« Hallgarten,
Utting, 1932.

nie) – liess er in knapper Schärfe seine Meinung auf die Frau los, die da sass, und nichts wusste, und seine Meinung lautete: Mit mir zu reden sei sinnlos. Entzogen sei ich allerdings, seit guten (!) vierzehn Tagen. Aber: ich müsse weg von meinen Freunden, weg von allem, in klösterliche Einsamkeit um mich ganz wieder zu finden, und dies dauere Monate.«[68]

Zwei Kisten mit Aufzeichnungen ließ die Mutter nach Annemarie Schwarzenbachs Tod 1942 vernichten. Seit den Neunzigerjahren ist ihr Werk mit Erzählungen und Romanen, Reportagen und Reisebüchern neu zu entdecken.

Einen letzten Bezug zum Bodensee stellt Erika Manns Kinderbuch *Stoffel fliegt übers Meer* aus dem Jahr 1932 dar. Obwohl das landschaftliche Szenario ganz das Gepräge des Starnberger Sees trägt, sind in das Buch Eindrücke eingegangen, die sich auf Friedrichshafen beziehen. Möglicherweise spielen auch Motive mit, die auf die zehnmonatige Weltreise Erika und Klaus Manns im Jahre 1927 zurückgehen.

Erzählt wird die Reise des kleinen Stoffel, der sich entschließt, seinen reichen Onkel in Amerika um Hilfe zu bitten, da er mit der Bootsvermietung nicht mehr viel zum Familienunterhalt beitragen kann. In einem Postsack versteckt, gelangt er als blinder Passagier in einen Zeppelin, wo er zwar alsbald entdeckt wird, sich jedoch mit einer waghalsigen Reparatur des Höhenruders nützlich machen kann und in Amerika als Lebensretter und Held gefeiert wird. Der Plot des Buches ist übrigens dem »tollen Lausbubenstreich« des neunzehnjährigen Clarence Terhune nachgebildet, der als blinder Passagier in umgekehrter Richtung nach Friedrichshafen gelangt und zum heimlichen Helden des Publikums wird.[69] Was den Bezug zum Bodensee betrifft, so ergibt er sich aus dem fiktiven Aschersried, das in unmittelbarer Nähe zur Friedrichshafener Luftschiffhalle liegt; und einmal pfeift auch jemand das Lied *O du lieber Augustin*, das auf Horst Wolfram Geißlers Bodenseeroman *Der liebe Augustin* zurückgeht und damals zum Schlager avancierte.

Stoffel fliegt übers Meer wurde von Erika Manns Jugendfreund Ricki Hallgarten illustriert, der zur Schwermut neigte und dem sie mit ihrem Auftrag Selbstbestätigung und Lebensmut zu geben hoffte. Erlebt hat Hallgarten, dessen Kunst sichtlich im Banne Walter Triers steht, das Erscheinen

🙰 Innenillustrationen und
Cover (u. re.) von Ricki Hallgarten
zu Erika Manns *Stoffel fliegt übers
Meer*, 1932.

⌐ Klaus Mann, um 1932.

des *Stoffel* nicht mehr: Im Mai 1932 nahm er sich das Leben – unmittelbar vor dem Aufbruch zu einer Expedition nach Kleinasien, die er mit Klaus und Erika Mann und Annemarie Schwarzenbach unternehmen wollte. *Stoffel fliegt übers Meer* war erfolgreich, erlebte innerhalb kurzer Zeit zehn Auflagen und wurde in mehrere Sprachen übersetzt.

Erika Manns Kinderbuch, dem noch sechs weitere folgen sollten, hat die Währungskrise und die Verarmung breiter Bevölkerungskreise zum Hintergrund. Vergleichbare politische und mentale Zeitbezüge griff sie dann vor allem mit ihrem Kabarett *Die Pfeffermühle* auf, mit dem sie 1933 von München nach Zürich umzog. Für eines ihrer Programme schrieb Klaus Mann sein Couplet *Liechtenstein*, das die eigentümliche Anziehungskraft des kleinen Fürstentums für das große Geld zum Thema hat. Es entstand Anfang 1933, eine Woche vor Klaus Manns Flucht ins Exil.

Liechtenstein

In unserm Erdteil steht es kläglich.
Man ist mit uns nicht mehr galant.
Die Steuern nehmen überhand.
Es ist schon bald nicht mehr erträglich.

Das Land, in dem man Milch und Honig schlürfte,
Wir suchen's alle, doch wir finden's kaum –
Drum gaukeln wir uns vor im Traum,
Als ob es so was wirklich geben dürfte.
      Ach, wenn ich es im Wachen wiederfände –
      Da ist es hübsch und angenehm zu sein!
      Der Flüchtling findet hilfsbereite Hände.
      Er kauft sich ein.
      Kann so was sein?
      Jawohl: in Liechten – meinem Liechtenstein.

Da liegt das Land in hochrentablem Frieden,
Wo mich nichts stört und peinigt und verdrießt.
Und wer den Eintritt aufbringt, der genießt,
Und nichts wie Fröhlichkeit ist ihm beschieden.

Woanders: Zähneklappern und Geschlotter –
Doch auf der Alm da gibt's kein Sünd,
Weil hier doch ALLE Hinterzieher sind. –
Und dort, der Blühendste, das ist mein Rotter.
      Man soll nichts Böses über's Ländle sagen!
      Wenn es auch nicht sehr groß ist, sondern klein.
      Es hat doch einen großen, guten Magen.
      Da geht was rein.
      Wo mag das sein?
      In meinem Liechten – meinem Liechtenstein.

In Unschuld sprießen, wachsen, blühen
Dort Unternehmen ohne Zahl.
Und der Profit ist kolossal.
Das geht ganz ohne Schweiß und Mühen.

Und täglich kommen neue liebe Freunde –
Grüß Gott, grüß Gott – da sind Sie ja –
Ja: Ubi bene ibi patria –
Wir sind die krisenloseste Gemeinde.
      Und wenn der Lehrer heut' zum Beispiel fragte:
      ›Nun, kleiner Moritz, wo liegt's Capitol?‹
      Der Moritz wär zu schlau, als daß er's sagte.
      Er wüßt' es wohl.
      Wo mag es sein?
      Wo es so sicher ruht: in Liechtenstein.[70]

Hintergrund des Couplets ist der Aufsehen erregende Entführungsfall von Alfred und Friedrich Schaie. Die beiden schillernden Theaterdirektoren, die sich »Rotter« nannten, hatten im Berlin der Weimarer Zeit zu den umtriebigsten Theaterunternehmern gehört, die ein halbes Dutzend Bühnen gepachtet hatten. Als die Rotter-Bühnen 1931 Konkurs anmelden mussten, wurden die Brüder Opfer antisemitischer Angriffe, denen sie nach Liech-

⌒ Erika Mann, um 1930.

tenstein auswichen. Dort erwarben sie im Oktober 1931 die Staatsbürgerschaft. Um sie wegen angeblich verbrecherischen Konkurses nach Deutschland auszuliefern, griffen heimische Nationalsozialisten zur Selbstjustiz und versuchten, die Brüder zu entführen. Bei einer Hetzjagd durch die Bergwelt kamen Alfred Rotter und seine Frau ums Leben; der verletzte Fritz Rotter konnte entkommen. An dem Verbrechen waren fünf Komplizen aus Konstanz beteiligt, die im Sommer 1933 mit drei Monaten Haft bestraft, bald darauf aber amnestiert wurden.

Das Schicksal der Rotter-Brüder fand auch in Erika und Klaus Manns Buch *Escape to Life* von 1939 Erwähnung. »Die Mörder waren auf deutschem Gebiet schnell in Sicherheit; man empfing sie mit hohen Ehren«, heißt es dort, und weiter: »Zwar hatten sie nicht, wie es ihr Auftrag gewesen war, ihre Opfer lebend mitgebracht; immerhin war es ihnen geglückt, den einen von ihnen umzubringen. Man fand, das sei schon eine hübsche Leistung und Grund genug, für die Burschen im Städtchen Konstanz am Bodensee ein offizielles Bankett zu geben, bei dem die Schulkinder der ganzen Gegend anwesend sein mußten. Deutsche Kinder ließen die glorreichen Mörder des jüdischen Theaterdirektors freudig hochleben.«[71] Etwas weniger reißerisch schreibt Eveline Hasler in *Stürmische Jahre*: »Unterdessen hatte man in Konstanz ein Essen für die Mörder gerichtet, ihre Heldentat sollte gefeiert werden.«[72] Nichts dergleichen findet sich in einer 2013 erschienenen Darstellung dieses Falles[73]. Man wird das »offizielle Bankett« wohl unter »Emigrantenlatein« verbuchen müssen.

Aus Thomas Manns Tagebuch wissen wir, dass auch Erika Mann eine Entführung drohte. Ende 1934 wurde *Die Pfeffermühle* Ziel emigrantenfeindlicher Angriffe, bei denen Annemarie Schwarzenbachs Vater eine unrühmliche Rolle spielte. Die Polizei warnte Erika Mann vor einem Überfall, sodass das Haus in Küsnacht, wo sie bei den Eltern lebte, von einem Beamten bewacht werden musste. »Schauderhafte Vorstellung«, notierte Thomas Mann: »Der Polizeibeamte versicherte gestern, es sei ernst, eine Entführung Erikas sei geplant [...] Es geschah jedoch nichts, und der Beamte mit den vier weiteren aus Zürich, die auf der Straße Wache gehalten, entfernten sich um Mitternacht.«[74]

»Sonst ist es ganz hübsch.«

Heinrich Mann
zur Genesung
in Überlingen

~~~~~~

~~~

SPÄRLICH SIND DIE SPUREN, die Heinrich Mann am Bodensee hinterlassen hat. Anfang 1922 war er lebensbedrohlich an einem Bronchialkatarrh mit Lungenkomplikationen erkrankt. Hinzu kam eine Bauchfell- und Blinddarm-Entzündung, die eine Operation notwendig machte. Während der ersten Januarhälfte noch in einer Münchener Klinik untergebracht, suchte Mann hernach Erholung in einem »Badhotel in Überlingen«[75].

Die Erkrankung, die Thomas Mann um das Leben seines Bruders hatte fürchten lassen, wurde zum Auslöser für die Beilegung ihres tiefgreifenden Zwistes, der vor allem politische Gründe hatte. Seinen sichtbarsten literarischen Ausdruck hatte er in *Der Untertan* gefunden, in dem Heinrich

∽ Thomas und Heinrich Mann, New York, 1940.

Beim Badhôtel

Lindau im Bodensee.
Das Rathaus, erbaut im 15. Jahrhundert.
Gemalt von V. Marschall.

Nr. 620 Bodenseeverlag Karl Alber, Ravensburg.

◝ Blick auf das *Badhotel* in Überlingen, historische Ansichtskarte, o. J.
◝ Ansichtskarte Heinrich Manns vom 19. April 1922 an seinen Bruder Thomas: »Hier sind wir [...]«.

Mann am Vorabend des Ersten Weltkriegs seine republikanische Haltung offenbart hatte, während Thomas Mann in den *Betrachtungen eines Unpolitischen* aus national-konservativer Sicht stark gegen die politische Tendenz des Bruders polemisiert hatte. Nun aber hatte Thomas vorsichtig die Hand zur Aussöhnung geboten, was zusammen mit seiner allmählichen Annäherung an die Demokratie die Chance einer zaghaften Versöhnung zwischen den Brüdern bot.

Vom 19. April 1922 datiert eine Karte Heinrich Manns und seiner ersten Frau, der Schauspielerin Maria Kanova, aus Überlingen in die Poschingerstraße in München:

»Hier sind wir, draussen lädt der Schnee zum Wintersport ein, wir lehnen ab. Sonst ist es ganz hübsch. Wir begrüssen Euch herzlich. Auf Wiedersehn! Heinrich und Mimi.«[76]

In Konstanz, das Heinrich Mann mit seiner Frau von Überlingen aus besuchte, wurde Thea Sternheim am 28. April 1922 Zeugin seines angegriffenen Zustands:

»Im Inselhotel werden wir von Heinrich Manns erwartet und herzlich begrüsst. Ihm hat die Krankheit mitgespielt. Er ist abgemagert. Im angeregten Gespräch verfeuert Karl [Carl Sternheim, M.B.] ein Schrapnell nach dem anderen, zuletzt Ansporn und direkte Aufforderung zur gesteigerten Linksorientierung. Die Frau bremst und sagt: Sie habe die Politik satt und brauche Ruhe.«[77]

Auf einen weiteren Bodensee-Aufenthalt von Heinrich Mann lässt ein Brief an Felix Bertaux vom 10. Mai 1923 aus Bad Schachen schließen.[78]

Heinrich und Thomas Mann, München, um 1900.

Ein »Tropfen Schweizertum«
im Blut

Die Beziehung
Thomas Manns
zur Schweiz

~~~~~~

<p style="text-align:center">~~~</p>

»ES IST WAHR: überschlage ich die Bilanz meines Lebenshaushalts, oft erscheinen die guten Beziehungen zu Ihrem Lande (aber ich tue wohl gut, hier nur die Ostschweiz, die deutsche, zu meinen: In Genf bin ich, fürchte ich, nicht reçu) unter den wohlig-positiven Posten an erster Stelle. Ich war oft dort, schon vor dem Kriege. Und als nach schlecht und recht geschlossenem Frieden die Einsperrung, unter der deutsche Weltbedürftigkeit so sehr gelitten, sich ein wenig lüftete, war Ihre Heimat das erste Ausland, das ich nach Wahl und Gelegenheit wieder betrat. Drei-, viermal seitdem kam ich wieder. Die Reise zu Ihnen ist kein Abenteuer. Bequem ist Lindau erreicht; man schifft übers Schwäbische Meer und setzt den Fuß auf Ihren redlichen Grund.«[79]

So liest man es bereits in Thomas Manns *Brief über die Schweiz* aus dem Jahre 1923. Um wie viel ansehnlicher müsste sich die Liste seiner Begegnungen und Eindrücke ausnehmen, führte man sie bis ans Ende seines Lebens weiter – eines Lebens, das mit den fünf Schweizer Exiljahren und den letzten Lebensjahren Manns in der Schweiz auch manche Begegnung mit dem Bodensee einschloss.

Thomas Mann, München, um 1924.

»Es ist wahr«, wie Thomas Mann selbst notiert: Seine Beziehungen zur Schweiz waren eng und vielfältig. Sie reichen von der familiären Abstammung in väterlicher Linie (den Martis aus Glarus, die den von ihm zu gegebener Stunde gern erwähnten »Tropfen Schweizertum« in seine Biografie brachten) über persönliche (Volkmar Andreae, Otto Basler, Hans Bodmer, Robert Faesi, Carl Helbling, Hermann Hesse, Rudolf Jakob Humm, Hans Mühlestein, Emil und Emmi Oprecht, Max Rychner, Karl Schmid, Willi Schuh, Fritz Strich u. a.) bis hin zu institutionellen Beziehungen (Lesezirkel Hottingen, Museumsgesellschaft

St. Gallen). Auch sah es Mann nicht ungern, dass Michael, sein Jüngster, Gret Moser heiratete, eine Schweizerin.

Schon 1934 hatte er unter dem Eindruck des Exils an René Schickele geschrieben, in der Schweiz einmal begraben sein zu wollen. Und als er sich nach dem Kriege für die Schweiz entschied, fand er es »grossartig«, dass die Frage seiner Einbürgerung »überhaupt zur Erörterung steht. Würde sie in gütig positivem Sinne gelöst, so würde ich es als die höchste Ehre empfinden, die mir je zuteil wurde.«[80]

In Amerika, das er gerade hinter sich zu lassen im Begriff war, hatte Thomas Mann schließlich nicht in der eigenen Sprache gelebt. Er beklagte die Öde und Oberflächlichkeit des amerikanischen Lebens, und über die politische Atmosphäre des Landes nach dem Tod Roosevelts zeigte er sich desillusioniert.

Da Deutschland als letzte Heimat nie zur Debatte stand, blieb die Schweiz. Voraussetzung für eine Einbürgerung wäre jedoch eine zwölfjährige Anwesenheit im Lande gewesen. Auch die Bemühungen seines einflussreichen Freundes Hans Oprecht um eine »ehrenvolle Ausnahme« blieben erfolglos. Manns Aufenthaltserlaubnis in der Schweiz sah lediglich die »Verbringung des Lebensabends und schriftstellerische Betätigung« vor, sodass Thomas Mann als »Amerikaner«[81] starb.

»Diese Art des Reisens
hat großen Zauber.«

Der Bodensee im Spiegel
des *Zauberberg*

~~~

DIE STARKEN BEZIEHUNGEN Thomas Manns (und nicht nur seine) zur Schweiz brachten, wie erwähnt, manche Berührung und Begegnung mit dem Bodensee mit sich. Eine der wenn schon nicht markantesten, so doch bekanntesten stellt Hans Castorps Überquerung des »Schwäbischen Meeres« gleich zu Beginn des *Zauberberg* dar:

»Ein einfacher junger Mensch reiste im Hochsommer von Hamburg, seiner Vaterstadt, nach Davos-Platz im Graubündischen. Er fuhr auf Besuch für drei Wochen. Von Hamburg bis dort hinauf, das ist aber eine weite Reise; zu weit eigentlich im Verhältnis zu einem so kurzen Aufenthalt. Es geht durch mehrerer Herren Länder, bergauf und bergab, von der süddeutschen Hochebene hinunter zum Gestade des Schwäbischen Meeres und zu Schiff über seine springenden Wellen hin, dahin über Schlünde, die früher für unergründlich galten«.[82]

Der Grund für die »Zauberbergreise« Thomas Manns im Jahre 1912 lag in der Erkrankung seiner Frau, die an einem Lungenspitzenkatarrh litt und eine Reihe von Monaten im Schweizer Hochgebirge verbringen musste. Im Mai und Juni 1912 war Thomas Mann »drei Wochen als Hospitant [...] in Davos«[83] bei seiner Frau; sie selbst verbrachte die Zeit vom 10. März bis 25. September 1912 im Waldsanatorium. Hier empfing der Dichter entschei-

dende Impulse und Motive für seinen Roman, an dem er seit Juli 1913 schrieb. Katia Mann trug ihren Anteil dazu bei, indem sie brieflich immer wieder Erlebnisse und Eindrücke über das Leben der »Lungensträflinge«[84] beisteuerte, die der Autor durch fachlichen Rat beim Zürcher Lungenfacharzt Ernst Hanhart unterfütterte.

Dabei gehört es zu den Ironien dieser Geschichte, dass Katia möglicherweise niemals an Tuberkulose litt, wie eine späte Diagnose der Röntgenaufnahmen erbrachte. Klaus Harpprecht hält es für möglich, dass »Katia unbewußt die Chance der Krankheit zu einer Flucht aus der Familie nutzte: ein zeitweiliger Rückzug auch aus der Ehe, die vor allem eine Interessengemeinschaft zur Förderung von Person und Werk ihres Mannes und zur Aufzucht von Kindern«[85] gewesen sei. Immerhin verdanken wir dieser (möglichen) Fehldiagnose ein Werk der Weltliteratur, mit dem – auch das ein Bezug zum Bodensee? – Martin Walser einmal böse abgerechnet hat.[86] Die Ironie erfuhr freilich noch eine Steigerung, als nach dem Tode Thomas Manns die Vermutung geäußert wurde,

Besuch Samuel Fischers bei Thomas und Katia Mann, Küsnacht, 1934.

⌒ Morgenstimmung in Davos, histo-
rische Ansichtskarte, um 1925.
⌒ Cover der Erstausgabe von Thomas
Manns *Der Zauberberg*, 1924.

dass er selbst es gewesen sei, bei dem zu einem früheren Zeitpunkt eine
tuberkulöse Erkrankung bestanden habe.[87]

Die Reihe von Lesungen Thomas Manns in der Schweiz begann noch
vor dem Ersten Weltkrieg – so trat er etwa im Januar 1914 in St. Gallen auf
Einladung der Museumsgesellschaft auf –, wurde dann jedoch kriegsbe-
dingt unterbrochen. Danach intensivierten sich Manns Beziehungen zur
Schweiz, nicht zuletzt, weil er die währungsstarken Verhältnisse des Landes
schätzte. Wiederum in St. Gallen las er im Rahmen einer Vortragstournee
vom 16. Januar bis 3. Februar 1921 aus *Felix Krull*. Am 6. November 1921
brach er erneut zu einer einwöchigen Vortragsreise nach Zürich auf.

»Liebes Herz«, beginnt ein Brief an Katia vom 7. November, »bin ganz
angenehm gereist, habe nicht im Speisewagen, sondern auf dem Schiff

↶ Thomas Mann auf der Terrasse seines Hauses, Küsnacht, o. J.

gegessen. Der See war ziemlich bewegt. Von Lindau an erfreute ich mich der Gesellschaft eines vergnügten Herrn Sternfeld aus Berlin, der nach Italien reist.«[88]

Am Abend des 7. las Mann im Lesezirkel Hottingen aus dem *Zauberberg*, um am 11. November in der Aula der Universität seinen Vortrag über *Goethe und Tolstoi* zu halten. Während eines Aufenthalts in Feldafing vom 16. bis 21. April 1922 unternahm Mann einen Ausflug nach Überlingen, wo er Bruder Heinrich besuchte und eine Karte an seine Mutter schickte.[89]

Im *Zauberberg*, der 1924 erschien, spielt neben der zitierten Überfahrt das seenah gelegene Feldkirch eine Rolle. Hier hat die Figur des Leo Naphta ihre neue Heimat gefunden, nachdem Leo zusammen mit seiner Mutter nach einem Pogrom aus Galizien nach Vorarlberg geflohen war. Dank der Bekanntschaft mit einem Jesuiten ist Naphta in den Genuss eines Freiplatzes im Pensionat *Stella Matutina* gekommen. Nach seiner Konversion Ordensmitglied geworden, musste er seine theologischen Studien aufgrund einer Lungenkrankheit abbrechen, die ihn auf den Berghof führte, wo seine Kur längst zu einer »kategorische[n] Lebensbedingung«[90] geworden ist.

Das Jesuiteninternat wird bei Mann so geschildert:

»Grund und Boden der Erziehungsanstalt waren weitläufig, wie ihre Baulichkeiten, die Raum für gegen vierhundert Zöglinge boten. Der Komplex umfaßte Wälder und Weideland, ein halbes Dutzend Spielplätze, landwirtschaftliche Gebäude, Ställe für Hunderte von Kühen. Das Institut war zugleich Pensionat, Mustergut, Sportakademie, Gelehrtenschule und Musentempel; denn beständig gab es Theater und Musik. Das Leben hier war herrschaftlich-klösterlich. Mit seiner Zucht und Eleganz, seiner heiteren Gedämpftheit, seiner Geistigkeit und Wohlgepflegtheit, der Genauigkeit seiner abwechslungsreichen Tageseinteilung schmeichelte es Leos tiefsten Instinkten. Er war überglücklich. Er erhielt seine vortrefflichen

Mahlzeiten in einem weiten Refektorium, wo Schweigepflicht herrschte, wie auf den Gängen der Anstalt, und in dessen Mitte ein junger Präfekt auf hohem Katheder sitzend die Essenden mit Vorlesen unterhielt. Sein Eifer beim Unterricht war brennend, und trotz einer Brustschwäche bot er alles auf, um nachmittags bei Spiel und Sport seinen Mann zu stehen. Die Devotion, mit der er alltäglich die Frühmesse hörte und Sonntags am feierlichen Amte teilnahm, mußte die Väter-Pädagogen erfreuen. Seine gesellschaftliche Haltung befriedigte sie nicht weniger. An Festtagen, nachmittags, nach dem Genuß von Kuchen und Wein, ging er in grau und grüner Uniform, mit Stehkragen, Hosenstreifen und Käppi, in Reihe und Glied spazieren.

Dankbares Entzücken erfüllte ihn angesichts der Schonung, die seiner Herkunft, seinem jungen Christentum, seinen persönlichen Verhältnissen überhaupt zuteil wurde. Daß es ein Freiplatz war, den er in der Anstalt einnahm, schien niemand zu wissen. Die Hausgesetze lenkten die Aufmerksamkeit seiner Kameraden von der Tatsache ab, daß er ohne Familienanhang, ohne Heimat war. Das Empfangen von Paketen mit Lebensmitteln und Leckereien war allgemein verboten. Was etwa dennoch kam, wurde verteilt, und auch Leo erhielt davon. Der Kosmopolitismus der Anstalt verhinderte jedes auffällige Hervortreten seines Rassengepräges. Es waren junge Exoten, portugiesische Südamerikaner, die ›jüdischer‹ aussahen als er, und so kam dieser Begriff abhanden. Der äthiopische Prinz, der gleichzeitig mit Naphta Aufnahme gefunden hatte, war sogar ein wolliger Mohrentyp, dabei aber sehr vornehm.

In der Rhetorischen Klasse gab Leo den Wunsch zu erkennen, Theologie zu studieren, um, wenn er irgend würdig befunden werde, dereinst dem Orden anzugehören. Dies hatte zur Folge, daß man seinen Freiplatz aus dem ›Zweiten Pensionat‹, dessen Kosten und Lebenshaltung bescheidener waren, in das ›Erste‹ verlegte. Bei Tische wurde ihm nun von Dienern serviert, und sein Schlafabteil stieß einerseits an das eines schlesischen Grafen von Harbuval und Chamaré, andererseits an das eines Marquis di Rangoni-Santacroce aus Modena. Er absolvierte glänzend und vertauschte, getreu seinem Entschluß, das Zöglingsleben des Pädagogiums mit dem des Noviziathauses im benachbarten Tisis, einem Leben dienender Demut, schweigender Unterordnung und religiösen Trainings, dem er geistige Lüste im Sinne früher fanatischer Konzeptionen abgewann.«[91]

Woher Thomas Mann diese genaue Kenntnis Feldkirchs und seines berühmten Instituts hatte, ist unklar; anders als seine Eltern, die Vorarlberg auf ihrer Reise im Sommer 1888 berührt hatten, ist er selber vermutlich nie dort gewesen.

Im zentralen Kapitel »Operationes spirituales« jedenfalls trifft Naphta auf seinen Gegenspieler Ludovico Settembrini. Zwischen diese beiden Erzieher – einen »etwas anrüchigen Mystiker, Reaktionär und Advokaten der Anti-Vernunft« und einen »italienischen Literaten, Humanisten, Rhetor und Fortschrittsmann«, wie Mann selber sagt – hat er seinen Protagonisten Hans Castorp gestellt, den beide für sich zu gewinnen suchen und der sich zu entscheiden hat »zwischen den Mächten der Tugend und der Verführung, zwischen der Pflicht und dem Dienst des Lebens und der Faszination der Verwesung«[92]. Mögen die Sympathien des Autors auch auf den ersten Blick ungleich verteilt sein: auf Hans Castorp bleibt die Wirkung der komplexen und in sich widersprüchlichen Theorien und Prinzipien, Haltungen und Argumente der beiden Gegenspieler Settembrini und Naphta unentschieden; ja, Thomas Mann veranstaltet ein regelrechtes »Verwechslungsspiel der Extreme«, indem er »sämtliche diametralen geistigen Positionen in eine heillose Konfusion«[93] überführt – »[d]erart, daß niemand mehr wußte, wer eigentlich der Fromme und wer der Freie war«[94].

Golo Mann nennt den Roman denn auch ein »feingeschnitztes Puppentheater gedanklicher und historischer Möglichkeiten, eine Bühne, auf der alles diskutiert und nichts entschieden wurde. Hier gab es den Hirnfanatiker, der den Terror voraussagt und den totalen Staat; hier den liebenswürdigen Fortschrittsfreund und liberalen Optimisten; den Psychoanalytiker, der vom Zusammenhang zwischen den Krankheiten des Körpers und der Seele gescheit und lüstern schwatzt; hier auch den deutschen Offizier, der schweigt, seine Pflicht tut und stirbt. Der Dichter mochte sie alle, mehr oder weniger, und bewegte sich frei zwischen ihnen, über ihnen; der lebendigen Darstellung, dem vollkommenen Ausdruck hingegeben, aber nicht der Wahl.«[95]

Und doch hält der Dichter für seinen Protagonisten eine grundlegende Einsicht bereit: Im zentralen »Schnee«-Kapitel sieht dieser ein, dass das Leben nicht aus Doktrinen und Rezepten besteht und dass sowohl Naphta wie Settembrini im Grunde Schwätzer sind. Mit Hans Mayer lässt sich hierin nichts weniger als ein grundlegender, weltanschaulicher Wandel erkennen: Hatte Thomas Mann in seinen *Betrachtungen eines Unpolitischen*, für die er die Arbeit am *Zauberberg* während des Ersten Weltkriegs unterbrochen hatte, noch einem Kulturkonservatismus das Wort geredet und die deutsche Kultur gegen die westlich-europäische Zivilisation ausgespielt, deutete sich nun seine Option für die Weimarer Republik an, deren künftiger Repräsentant er werden sollte.[96]

Thomas Mann hegte nach dem Urteil seines Sohnes Golo »für alles, was mit Jugend, Schule, Erziehung zusammenhing«, großes Interesse und schätzte besonders die Atmosphäre Salems: »Die Wendung zum Freieren, die das Schulwesen allmählich nahm, zumal in den zwanziger Jahren, hat der Autor der ›Buddenbrooks‹ mit Vergnügen beobachtet.«[97]

Im Gegensatz zur Bergschule Hohenwaldhausen und zur Odenwaldschule besuchte Thomas Mann Salem gleich mehrfach und genoss die Atmosphäre des Internats.

Am 19. Juli 1926 fuhr er mit Katia einmal mehr an den Bodensee, um Tochter Monika abzuholen, die zum September in Lausanne eine Ausbildung zur Pianistin antrat. »Einen reizenden Auto-Ausflug an den Bodensee haben wir gemacht«, ließ Mann seinen Freund Ernst Bertram wissen, »wohnten über der Salemer Pädagogischen Provinz auf dem Heiligenberg (Schloß u Park des Fürstenberg u gutes Hotel mit bescheidenen Preisen)«[98].

Am 20. September unternahmen sie erneut eine Reise, um nach Monika zu sehen. »Dann sind wir, meine Frau und ich«, schrieb Thomas Mann an seinen Schulfreund Otto Grautoff, »in Begleitung unseres Freundes Ernst Bertram, des Kölner Professors, mit dem Automobil in die Schweiz gefahren, an den Genfer See, um unsere Moni in Lausanne zu besuchen und von Ouchy aus, wo wir wohnten (Beaurivage, fabelhaft!) Ausflüge nach Montreux, Genf, Glion usw. zu machen [...]. Reizend waren Aufenthalte wie der in Baden, in Stein am Rhein, höchst eindrucksvoll der in Schaffhausen (ich konnte mich von der Wassersturzmusik überhaupt nicht trennen), dann auf weiterer Rückfahrt der in der pädago-

~ Familienbild: Thomas Mann, Elisabeth, Katia, Monika, Michael (v. li. n. re.), Küsnacht, 1935.

gischen Provinz Salem, wo Golo sich jetzt zum Abitur rüstet und von wo wir die ergreifend romantische Fahrt über Siegmaringen (!) durchs Donautal zurücklegten. Erst gestern sind wir über Lindau, das Allgäu und Landsberg wohlbehalten wieder eingetroffen. Diese Art des Reisens hat großen Zauber.«[99]

»Bleibe in der Schweiz! Du wärst hier nicht sicher!«

Thomas Manns erste Exiljahre in Küsnacht

~~~

DIE MACHTERGREIFUNG der Nationalsozialisten führte die gesamte Familie Mann in die Emigration – mit Ausnahme des jüngsten Bruders Viktor. Heinrich verließ Deutschland schon am 21. Februar 1933; am 12. und 13. März folgten Erika und Klaus Mann, die kurz zuvor noch in der Schweiz zum Skifahren gewesen waren und »dort oben« vom Ausgang der deutschen Wahlen erfahren hatten. Die »heroische Reinheit und Unbeteiligtheit der großen Gebirgslandschaft« ließ sie »etwas gleichgültiger sein gegen Meldungen, deren Inhalt für das Leben der Nation wie für unser eigenes Leben entscheidend war«, bis die »Zeitungen in St. Margrethen« dann mit einem Schlage zerstörten, »[w]as in uns noch an heroisch-idyllischer Stimmung war.«[100]

Thomas Mann hatte in Begleitung Katias am 11. Februar eine Reise angetreten, um in Amsterdam, Brüssel und Paris seinen Vortrag über Richard Wagner zu wiederholen, den er kurz zuvor im Audimax der Münchener Universität gehalten hatte – nicht ahnend, dass diese Reise direkt ins Exil führen würde. Eigentlich hatte das Paar nur an ein paar Wochen Urlaub in Arosa gedacht, bevor es nach Hause zurückkehren würde. Nun mussten Erika und Klaus mehrfach vor einer raschen Heimkehr warnen. In der Annahme, dass ihre Anrufe abgehört wurden, spielten sie nicht direkt auf die politische Situation an, sondern sprachen vom Wetter:

»Dieses sei miserabel in München und Umgebung, behaupteten wir; die Eltern würden klug daran tun, noch eine Weile fernzubleiben. Leider

Küsnacht am Zürichsee, historische Ansichtskarte, o. J.

zeigte unser Vater sich abgeneigt, auf diese Argumentation einzugehen. […] Schließlich sprachen wir es aus, mit verzweifelter Direktheit. ›Bleibe in der Schweiz! Du wärst hier nicht sicher!‹«[101]

Dass es durchaus Grund zu Befürchtungen in dieser Richtung gab, zeigt die spätere Empfehlung Hanns Johsts an die Adresse des Münchener Polizeipräsidenten Heinrich Himmler, ob es nicht möglich sei, »vielleicht Herrn Thomas Mann, München, für seinen Sohn ein wenig [zu] inhaftieren? Seine geistige Produktion würde ja durch eine Herbstfrische in Dachau nicht leiden.«[102]

Ende 1936 dann wurde Thomas Mann, der sich aus Rücksicht auf seinen jüdischen Verleger wie aus Furcht um seinen Münchener Besitz politisch lange indifferent verhalten hatte, aus dem Deutschen Reich ausgebürgert. »Wiederholt«, so lautete die Begründung im *Reichsanzeiger*, habe er sich »an Kundgebungen internationaler, meist unter jüdischem Einfluß stehender Verbände« beteiligt, »deren Feindseligkeit gegenüber Deutschland allgemein bekannt war. Seine Kundgebungen hat er in letzter Zeit wiederholt offen mit staatsfeindlichen Angriffen gegen das Reich verbunden.«[103]

So war die Schweiz also unwillentlich zum ersten Exilland geworden. Als das Paar sich *nolens volens* langsam in die Situation zu fügen begann, waren zunächst u. a. Basel und Zürich als mögliche Wohnsitze erwogen worden – ersteres seiner humanistischen Tradition eines Erasmus, Holbein und Burckhardt wegen, das zweite als klassische Stadt des Exils. Längst war Thomas Mann die gefestigte republikanische Tradition der Schweiz als politisches Ideal aufgegangen.

~ Elisabeth und Michael Mann, München, vor 1925.

»Das ›schweizerische Faktum‹, die Koexistenz von Angehörigen germanischer und romanischer Volksstämme unter einem Staatsdach«, schreibt Thomas Sprecher, »hielt Thomas Mann für exemplarisch; es stand in Spannung zu dem Gegensatz deutsch-romanisch versus westlich-aufklärerisch, der den ideologischen Hintergrund des Ersten Weltkriegs und auch der Schattengefechte der ›Betrachtungen eines Unpolitischen‹ abgegeben hatte.«[104]

So nahm das Bekenntnis zur demokratischen, föderalistischen, mehrsprachigen Schweiz, in der sich des Deutschen genug konserviert hatte, im Grunde die Rückkehr ins eigentliche Deutschland vorweg – in ein Deutschland, das »Nichtdeutschland« war und vor allem ein Gegenbild zu Nazi-Deutschland.

Bevor sich an eine Niederlassung in der Schweiz denken ließ, traten Thomas und Katia Mann nach einigen rasch wechselnden Kurzaufenthalten in Lenzerheide, Montagnola und Lugano einen längeren Sommeraufenthalt in den südfranzösischen Orten Bandol und Sanary-sur-Mer an. Zuvor hatte Golo, von den Eltern beauftragt, die Kontrolle über das Münchener Haus in der Poschingerstraße und ihre Angestellten zu übernehmen, seine noch schulpflichtige Schwester Elisabeth am 3. April 1933 in die Schweiz bringen können, bevor das Anwesen am 24. August von der politischen Polizei beschlagnahmte wurde.

»Wir fuhren mit der Eisenbahn nach Friedrichshafen, in einem Schweizer Schiff über den See nach Romanshorn«, notierte Mann in seinen *Erinnerungen*, »welche Erleichterung, anstatt der Hakenkreuzfahne das Schweizerkreuz zu sehen! – und weiter über Zürich nach Lugano«[105], wo Thomas und Katia Mann für kurze Zeit in einem Hotel untergekommen waren. Ende September 1933 wurde dann das Haus Schiedhaldenstraße 33 in Küsnacht zum ersten festen Exildomizil – fünf Jahre lang, die nach Golo Manns Urteil mit Blick auf den Vater, »zu den glücklichsten, produktivsten seines Lebens«[106] wurden.

Neben Erika Mann, die Anfang April 1933 nochmals nach München gefahren war, um in einer von ihr selbst als tollkühn gerühmten Tat das Manuskript des »Joseph«-Romans aus dem Elternhaus an sich zu nehmen – »eine kühne Tat, weit gefährlicher, als wir damals noch wußten, und von allen ihren Lebensleistungen wohl die bedeutendste«[107] –, bewährte sich auch Golo, der sich in Göttingen auf das Staatsexamen in Geschichte vorbereitete, als Helfer in der Not. So bereits am 30. April 1933, als er sich im *Hotel Anker* in Rorschach mit seinem Vater zur weiteren Beratung traf.

»Abendessen zu dritt«, liest man in dessen Tagebuch. »Erzählungen Golos von der Abholung der Autos und einer Untersuchung des Hauses ›nach Waffen‹. Unheimlicher Gemütszustand durch die Nähe der Grenze und den atmosphärischen Eindruck [...]. Zusammensitzen in der Ecke des Speisesaals und diskursives Hin- und Hergrübeln über unsere Rückkehr,

  Der Hafen in Rorschach mit *Hotel Anker*, historische Ansichtskarte, o. J.

unser Außenbleiben [...]. Rorschach wird mir in schlimmer, schwerer Erinnerung bleiben.«[108]

Der letzte Satz bezog sich insbesondere auf die Tagebücher der Zwanzigerjahre, die Thomas Mann später in Kalifornien eigenhändig vernichten sollte. Ihretwegen fürchtete er um »die Geheimnisse meines Lebens«, wenn sie denn in falsche Hände geraten sollten: »Sie sind schwer und tief. Furchtbares, ja Tötliches (!) kann geschehen«[109], beschwor er seinen Sohn und beauftragte ihn, »ihm einige Bündel von Notizen sowie eine Anzahl von Wachstuchheften, die sich da und da in seinem Arbeitszimmer befanden, in einem Handkoffer als Frachtgut nach Lugano zu schicken.« »Ich rechne auf deine Diskretion‹«, schärfte er Golo ein, »›daß Du nichts von diesen Dingen lesen wirst.‹«[110]

Golo Mann kann diese Angst nicht fremd gewesen sein – gab doch seine unter Pseudonym erschienene autobiografische Novelle *Vom Leben des Studenten Raimund*, die Klaus Mann 1928 in seine *Anthologie jüngster Prosa* aufgenommen hatte, ebenfalls Anlass für tiefsitzende Ängste, die ihn noch auf Jahrzehnte hinaus beunruhigten. Also schloss sich Golo im väterlichen Arbeitszimmer ein, während er die Papiere verpackte. Doch als er mit dem Koffer aus dem Zimmer trat, um ihn zum Bahnhof zu bringen,

Thomas Mann, Küsnacht, 1935.

»stand da der treue Hans: gerne werde er diese lästige Arbeit abnehmen. Desto besser«, dachte Golo Mann, »warum nicht? Aber der Koffer kam nicht an und war drei Wochen später immer noch nicht angekommen; worüber mein Vater in wachsende Ungeduld, zuletzt geradezu in Verzweiflung geriet.«[111]

Was war passiert? Der vermeintlich treue Hans sympathisierte längst mit den neuen Machthabern und lief mit dem Koffer zwar nicht, wie eine ältere Lesart wissen will, zur Politischen Polizei, machte ihr jedoch Mitteilung von seinem Verdacht, dass der Koffer politisch belastendes Material enthalte. So wurde das Gepäckstück bei der Grenzpolizei Lindau abgefangen und durchsucht. Als Kommissar Neeb auf ein Paket mit Verlagsverträgen stieß, schickte er diese an die Politische Polizei nach München zurück, um sie wegen der darin genannten hohen Beträge auf steuertechnische Richtigkeit prüfen zu lassen. Von dort ging das Paket an das Finanzamt »mit dem Ersuchen um baldmöglichste Rückgabe an die Grenzpolizeistelle Lindau, damit der dort noch lagernde Koffer an den Empfänger weitergeleitet werden kann.«[112]

Am 19. Mai traf der Koffer mit den zurückgelegten Verträgen bei Thomas Mann endlich ein – Neeb hatte wohl in alter Ehrlichkeit gehandelt, daß ihn private Papiere nichts angingen. Konsequenz der Prüfung durch das Finanzamt war die Sperrung aller Konten, soweit Golo die Guthaben – wenn auch nur zum kleineren Teil – nicht hatte abheben und auf diplomatischem Wege in die Schweiz bringen können. Am 30. Mai 1933 trat auch Golo Mann sein Exil an.

»… warmherziger Freund
meiner Sieben Sachen …«

Begegnung mit
Günther Herzfeld-Wüsthoff

~~~

BALD DARAUF ZOG SICH ein Schriftsteller, Rezitator und späterer Antiquar in das abgelegene Haus *Trösteinsamkeit* in Unterreitnau in der Nähe von Lindau zurück, von dem der Thomas-Mann-Forscher Heinz Saueressig meinte, dass einige seiner Züge »die Gestalt von Joachim Ziemßen mitgeformt haben«[113], des Hamburger Vetters von Hans Castorp. Sein Name: Günther Herzfeld-Wüsthoff (1893–1969), der – ohne weitere Namensnennung – an zwei Stellen im Werk Thomas Manns auftaucht: in den *Betrachtungen eines Unpolitischen* und im *Gesang vom Kindchen*.

Aufmerksam geworden war Mann auf Herzfeld-Wüsthoff durch einen Brief, den ihm der verwundete Leutnant aus dem Lazarett schickte und den er in den *Betrachtungen eines Unpolitischen* zitierte: »Ich öffne wieder den Brief eines jungen Reserve-Leutnants von der flandrischen Front, eines

Studenten sonst und Poeten, und lese nach, was mich bei erster Einsicht so sehr erschütterte. ›Angesichts dieser unermeßlichen Übermacht des Todes‹, schreibt er, ›bei diesem vollkommenen Hilflossein im Trommelfeuer tage- und nächtelang, meist bei Regen, in offenen Trichtern, in der grauenhaften Öde, dem Höllenlärm der Abwehrzone, wird der Einzelne leicht fröhlich, nicht verzagt; so ganz frei aller Sorgen ist man, so los von der Erde, hoffnungslos, doch unbeschwert! Wer eine Woche hier vorn überstanden hat, übersteht viel leichter Monate – wenn er lebt. Ich lebe! ... Erst war ich ganz verzagt, bis ich in der zweiten Nacht mich entschloß, die immer zu drei Vierteln unbekannte Linie selbst genau festzustellen. Fünf Stunden bin ich trotz Schlamm und Feuer bei Mondlicht sämtliche Trichterlinien des Bataillons abgegangen, fortwährend von englischen Nachtfliegern umsummt und aus 20 m Höhe mit Maschinengewehr beschossen. Sie schießen in alle Trichter. Je weiter vor, je weniger Feuer; doch haben es die Leute vorn zwischen stinkenden Leichen, zerschossenen Geschützen aus früheren Kämpfen etc. auch schwer, zu schwer. Dieser Gang durch den Tod war mir eine ungeheuer selige Qual, eine Befreiung. Ich bin fröhlich wie unsere Leute, die sich mit 39° Fieber und schweren Lungenentzündungen auch noch nicht krank melden. Merkwürdig, gegenüber diesen unermeßlichen Zumutungen an Leiden und Strapazen möchte man lachen, so frei von allen Sorgen, aller Verantwortung ist man, so ganz in der Hand Gottes.‹«[114]

Diese Passage, die sich einer realen Fronterfahrung verdankte, passte so recht zu jener »gigantische[n] Demonstration einer Verirrung«, die sich Thomas Mann mit den *Betrachtungen eines Unpolitischen* während des Ersten Weltkriegs in »peinlich-genialer Verstiegenheit von der Seele geschrieben«[115] hatte. Da bewies seine Schwiegermutter Hedwig Pringsheim angesichts der sinnlosen Menschenopfer mehr politische Weitsicht und menschliche Empathie: Während Mann, wie er es selber nannte, »Gedankendienst mit der Waffe«[116] leistete und vehement die Position seines Bruders Heinrich attackierte, legte Hedwig Pringsheim ihrem elfjährigen Enkel Klaus mitten im Krieg Bertha von Suttners *Die Waffen nieder!* unter den Weihnachtsbaum.

Das Jahr 1922 markierte dann freilich Thomas Manns Wandlung vom Saulus zum Paulus. In seiner Rede *Von deutscher Republik* fragte er sich selbstkritisch:

»[...] wo wäre ich heute, auf welcher Seite fände ich mich, wenn mein Konservativismus bei einem Deutschtum verharrt wäre, das all sein Geist und seine Musik nicht davor bewahren konnten, in die niedrigste Gewalt-

_∾ Thomas Mann an seinem Schreibtisch, München, um 1922.

anbetung und in eine die Grundlagen der abendländischen Gesittung be-
drohende Barbarei einzumünden!«[117]

Als Thomas Mann Herzfeld-Wüsthoff nach Kriegsende persönlich kennenlernte, erschien er ihm als ein »ungewöhnlich sympathischer Mensch
und warmherziger Freund meiner Sieben Sachen«[118]. Mann bat ihn neben
Ernst Bertram zum zweiten Taufpaten seiner Tochter Elisabeth, die am
24. April 1918 zur Welt gekommen war. Dass Herzfeld-Wüsthoff wegen
Krankheit nicht anwesend war, hinderte den Dichter nicht, ihn in seinen
Gesang vom Kindchen hineinzumontieren, als wolle er etwas vom Glück
des Überlebenden auf die Jüngste übertragen wissen:

»[...] er saß im Sessel, die blutleeren Hände/ Über der Krücke gekreuzt
[...] – das fünfundzwanzigjährige Antlitz/ Bleich und schon allzu ernst, so
saß er und steifte den Rücken/ Gleich einem Greis, der sich hält, um männliche Ehre zu wahren./ Er trug das grüngraue Kleid; vier Jahre lang lag er
zu Felde,/ Der ein Student vormals und Poet, und kämpfte für Deutschland/
Bis das glühende, zackichte Eisen das Bein ihm zerschmettert.«[119]

71

Nach Erscheinen des ironiefreien *Gesang vom Kindchen* sandte ihm der Autor ein Exemplar mit der Widmung: »Günther Herzfeld, dem ›ja sagenden Bürgen‹, herzlich. München 27. XI. 19 Thomas Mann«.

Dass ihm die 977 Verse umfassende Idylle, die ausgerechnet in den Tagen der Münchener Revolution entstand, rundum gelungen sei, schien Thomas Mann im Übrigen selbst zweifelhaft: Er hatte sie in Hexametern ausgeführt, von denen er die Hälfte »horribel« wähnte. Zur Einübung in das ungewohnte Versmaß hatte er sich Eduard Mörikes *Idylle vom Bodensee* bedient. Der Rückgriff auf das einhundert Jahre alte Muster zahlte sich literaturgeschichtlich aber nicht aus. 1937 besuchte Herzfeld-Wüsthoff Thomas Mann in Küsnacht ein letztes Mal.

»… *hochverbotene Heimat*«

Thomas und Katia Mann am Schweizer Untersee

~~~

IN DEN JAHREN 1935 und 1936 kehrten Thomas und Katia Mann, die in Küsnacht die gewohnte Münchener Lebensform fortzuführen suchten, zweimal in Ermatingen am Untersee ein. Ziel war beide Male der repräsentative und traditionsreiche *Gasthof Adler*. Eingeladen hatte der Schriftsteller Heinrich Heer, ein Neffe der Wirtin.

»4 Uhr Thee und zu dritt mit Golo als Chauffeur über Winterthur und Frauenfeld am Untersee hin nach Ermatingen gefahren zum Besuch der Neumanns, die dort mit Heer im ›Adler‹, dessen Besitzerin seine Tante, wohnen«, trug Thomas Mann am 6. August 1935 in sein Tagebuch ein. Und weiter: »Schöne Fahrt, Augenweide des nachmittäglichen Sommerlandes. Spaziergang mit Neumanns und Heer hinauf zum Schloß Arenenhof, wo Hortense mit dem jungen Louis lebte und starb. Wundervolle Lage. Große Klarheit, Spiegelung des Sonnenuntergangs im See, dessen nahes jenseitiges Ufer deutsch. Führung durch den Kastellan: Salons mit Seeblick und napoleonischen Erinnerungen. – Zurück zum ›Adler‹, reizvollem alten Gasthaus, schon aus dem 15. Jahrhundert stammend, wo wir in einem schönen Barocksaal des Oberstocks zu Siebenen (mit Einschluß einer Berneri-

~~ Das *Hotel Adler* in Ermatingen, historische
Ansichtskarte, o. J.
~~ Katia und Thomas Mann, um 1935.

schen Freundin Heers) solennes und vortreffliches Abendessen mit vor-
züglichen Schweizer Weinen und Kaffee hatten. Man blieb lange bei Tisch
und ging um 10 Uhr in ein Privatzimmer hinunter, wo ich, in einem Stuhle
sitzend, den Richard Wagner zur Zeit des I. Tristan-Aktes viel benutzt, im
Laufe von 2 Stunden das ganze Kapitel ›Die Gatten‹ vorlas, das seltsamen
Eindruck machte und, wie das ganze Werk, bewegt diskutiert wurde [...] –
Nach 12 Uhr Aufbruch, Verabschiedung und zweistündige nächtliche
Heimfahrt durch die verschlafenen Orte, kurzweilig. Ankunft um 2 Uhr,
befriedigt und bewegt von dem schönen Ausflug.«[120]

Mit dem Schriftsteller Alfred Neumann (1895–1952) und seiner Frau
Katharina, ehemalige Nachbarn im Münchener Herzogpark, verband die
Manns seit den Zwanzigerjahren eine enge Freundschaft. 1933 emigrierten
die Neumanns über Fiesole nach Südfrankreich und Kalifornien, wo der
»unverbrüchlich Getreue« (Thomas Mann über Alfred Neumann) abermals

zum Nachbar der Manns wurde und an Entstehung und Werden des *Doktor Faustus* »aufhorchenden Anteil«[121] nahm. An Ermatingen und Arenenberg hatte Neumann besonderes Interesse – ist in dieser Gegend doch die Handlung des zweiten Bandes seiner Trilogie um Napoleon III. angesiedelt, der den Titel »Kaiserreich« trägt und seinem »großen Freund Thomas Mann« gewidmet ist.

Am 17. August 1936 kam es zu einer Wiederholung der Fahrt nach Ermatingen – wiederum mit Katharina und Alfred Neumann. Manns Tagebuch vermerkt: »Nahmen 4¼ Uhr eine Tasse Thee und fuhren mit Klaus und Golo nach Ermatingen, wo wir im ›Adler‹ dieselbe gastliche Aufnahme fanden wie voriges Jahr. Spaziergang. Abendessen, sehr sorgfältig, im schön dekorierten Bräustübl mit Neumanns, H. Heer, dem rheinischen Industriellen Heusch und seinem spanischen Neffen, der nach Tische abreiste. Später in der Wohnung der Wirtin Heer vor dem 7köpfigen, etwas heterogenen Publikum Vorlesung der Abschnitte ›Der Neujahrstag‹, ›Das leere Haus‹, und ›Das Antlitz des Vaters‹, wieder in dem Tribschener Stuhl. Das erste dieser Kapitel wohl schleppend. Dankbarkeit der Zuhörer. ½ 12 Uhr Abfahrt und Heimkehr in 1 ¾ stündiger Fahrt durch die voll ausgestirnte Nacht.«[122]

Schloss Arenenberg, Salenstein (Kanton Thurgau), historische Ansichtskarte, 1935.

Golo Mann erlebte sich durch die beiden Besuche in seiner alten Heimat besonders aufgewühlt:

»Zweimal, erinnere ich mich, durfte ich die Eltern nach Ermatingen am Untersee chauffieren, wo im buntbemalten Gasthof ›Zum Adler‹ der Romancier Alfred Neumann und seine Frau wohnten; er arbeitete dort an seinem mehrbändigen Roman über das Zweite Kaiserreich, über Napoleon III., der einen Teil seiner Jugend im Schlößchen Arenenberg verbracht hatte [...]. Während die Herrschaften Tee tranken, ging ich hinauf zum Arenenberg und ein Stück darüber, so daß ich auf der anderen Seite den weißen Turm von Hohenbodman sehen, Schloß Heiligenberg und den Gehrenberg oberhalb Markdorf und was noch erraten konnte, hochverbotene Heimat mit einem Gefühl von Sehnsucht, Zorn und Staunen. War solcher Unsinn möglich? Einmal, da war schon Krieg, Februar oder März 1940, lud mein reicher Freund Joseph Breitbach meinen Freund Manuel Gasser, den Mitbegründer der ›Zürcher Weltwoche‹, und mich zu einer Autofahrt in jene Gegend ein, auch der Chauffeur war gemietet. Auf der Brücke, die nach Stein am Rhein führt, sprang ich aus dem Wagen, in der plötzlich mich packenden Angst, der Fahrer könnte ein Verräter sein und mich über die Grenze bringen, von der ich nur ungenau wußte, wo sie lag – meine Begleiter, die ihrerseits kaum etwas zu befürchten brauchten, lachten sich schief ...«[123]

»Freundlicher Empfang, große Aufmerksamkeit«

Zu Gast im Hause Mann und: Thomas Mann zu Gast

~~~

OBWOHL BESUCHER THOMAS MANNS, die im »nördlichen Kanton« daheim waren, registriert worden sein dürften, fehlte es in Küsnacht auch an deutschen Gästen nicht.

Auffallend häufig kehrte in den Jahren 1935/1936 der baltische Dichter Bruno Goetz ein, der seit Mitte der Zwanzigerjahre den Mittelpunkt der Überlinger Künstlerkolonie Rehmenhalde bildete. Für den 3. Dezember 1935 notiert das Tagebuch Thomas Manns: »Zum Thee mit Heinrich der Dichter Bruno Goetz und der junge Schauspieler v. Sievers. Ersterer überbrachte seinen neuen Gedichtband.«[124]

Schon am 10. Februar 1936 kehrte Goetz zum Abendessen wieder und trug neue Gedichte vor.[125] Zwei Wochen später brachte er seinen Freund mit, einen »kommunistische[n] Buchhändler aus Überlingen«[126]. Am 22. Oktober 1936 lesen wir: »Zu Tische der Dichter Br. Goetz, Frau Wassermann und die Giehse.«[127] Und am 30. Oktober: »Zum Abendessen Bruno Goetz und Frau, entsetzlich häßlich. Kaffee in der Halle. Nachher Vorle-

~ Kuno Fiedler, St. Antönien, 1943.

sung aus seinem Lustspiel, etwas albern, aber wohl bühnenwirksam und nicht ohne zeitsatirische Eigenschaften.«[128]

Am 13. November 1936 erwiesen Thomas Mann und seine Frau Bruno Goetz die Ehre, einer seiner legendären Lesungen beizuwohnen: »Mit K[atia] zur Stadt, wo in einem entlegenen Saal zum Wohlgefallen des geladenen Publikums unter Reiffs und meinem Patronat Br. Goetz Gedichte und Novellen las. Halb gut, wie mir schien.«[129]

Der Herbst desselben Jahres – genauer: der 23. September 1936 – bescherte Thomas Mann die unerwartete Begegnung mit einem alten Bekannten. Bei der Rückkunft von einer Fahrt an den Genfer See trat ihm »wie ein Gespenst« Kuno Fiedler entgegen. Der evangelische Pastor und bekennende Homosexuelle, seit 1915 in korrespondierender Verbindung mit Thomas Mann, hatte ihm seine theologische Dissertation gewidmet und gehörte bis zu Manns Tod zu seinen beständigsten Briefpartnern. Als eines der beiden Taufpaten Elisabeths hat Thomas Mann im *Gesang vom Kindchen* auch Fiedlers in bemühtem Rhythmus gedacht:

»[...] einen Paten lud ich von auswärts, sowie den Pastor,/ Welcher im Sächsischen wirkt, ein gar junges Blut und Vikar erst,/ Aber der Weltweisheit Doktor obendrein und der Dichtkunst/ Innig dankbar verbunden. Wir hatten Briefe gewechselt/ Vielfach schon, und der gediegenen Schrift, die den Hut ihm/ Rühmlich erwirkt, hatte meinen Namen zu freundlicher Ehrung/ Er vorangesetzt. – Den hatt' ich erwählt dir zum Täufer./ Denn wer weiß, was einem die Lutherkirche ins Haus schickt,/ Wenn man es ihr überläßt; wohl gar einen öligen Tölpel,/ Welcher mir alles ins Komische zöge. Das wollt ich vermeiden.«[130]

Fiedlers zweites Werk *Der Anbruch des Nihilismus* fand in den *Zauberberg* Eingang, wo Naphta eine knappe Zusammenfassung in den Mund gelegt wird. Wegen seines Buches *Luthertum und Christentum* (1920) hatte Fiedler den Dienst in der sächsischen Landeskirche quittieren müssen und war aufgrund seiner philosophischen Schriften von den Nazis ein zweites Mal entlassen worden. Im September 1936 wurde er inhaftiert wegen staatsfeindlicher Gesinnung und weil er verdächtigt wurde, Agent einer von Thomas Mann geleiteten Spionagezentrale zu sein.

»Thomas Mann wird von Dr. Kuno Fiedler über sämtliche Vorkommnisse in Deutschland informiert«, heißt es in einem Ermittlungsbericht der Gestapo, »und werden diese Nachrichten in verlogener und gemeiner Form weitergegeben. Thomas Mann verwertet dieses Material zur Greuelpropaganda gegen Deutschland.«[131]

In seinem Buch *Über Mauern hinweg* hat Fiedler beschrieben, wie ihm eine waghalsige Flucht aus dem Würzburger Landgerichtsgefängnis gelang, auf der er sich bis zum Bodensee durchschlug, wo ihn der Maler und Fluchthelfer Otto Marquard bei Nacht von Allensbach über den See ans Schweizer Ufer ruderte. Seinem Bruder Heinrich schrieb Mann über diese Flucht, Fiedler sei »von einem wackeren Tell über den Untersee gerudert worden. Um Gottes Willen, Fährmann, eueren Kahn! Nun wird er gehegt und gepflegt.«[132]

Von Küsnacht war es nur ein Katzensprung in die Ostschweiz, wo Thomas Mann schon des Öfteren gelesen hatte. Nun wiederholte er seine Auftritte in St. Gallen. Am 21. Februar 1934 trug er ins Tagebuch ein:

»Zu Fuß zum Vortrag, Aula der Handelshochschule. Wartezimmer mit Schweizer Plakat-Propaganda. Der Saal angenehm, ca. 300 Menschen, darunter viel Jugend. Freundlicher Empfang, große Aufmerksamkeit. Las das Bunte Kleid und Bauschan. Dichter und anhaltender Beifall am Schluß. Nach dem Vortrag zu Fuß zum Hotel zurück, wo im Restaurant Mitglieder des Vorstandes sich zusammenfanden. Unterhaltung, ich sprach lebhaft, bei Thee, Sandwiches und Bier. Mein Vorgänger hier war Sieburg, der von Deutschland gesprochen und erklärt hat, der Deutsche brauche die metaphysische Legitimation der Führung, Hitler fühle sich als von Gott eingesetzt.«[133]

Im November 1936 wiederholte Mann seinen Auftritt in St. Gallen – diesmal anlässlich einer Benefizveranstaltung der Museumsgesellschaft zugunsten von Emigrantenkindern:

»Gestern im unteren – bekannten – Restaurant zu Abend gegessen. Gegen 8 Uhr von Dr. Löpfe, Nervenarzt, abgeholt und mit Taxi zur Handelshochschule, in deren Aula, vor ca. 250 Personen, die für die Emigrantenkinder ziemlich hohe Preise gezahlt hatten, die Vorlesung stattfand. Las die Gartenszene und nach einer Pause ›Die Damengesellschaft‹, die viel Heiterkeit erregte. Zu Fuß, in Gesellschaft, zum Hotel zurück. Thee und Imbiß dort in größerem Kreise, Gegenwart des Rabbiners und eines Pfarrers.«[134]

»Man hat uns das Inselhotel
in Konstanz sehr empfohlen…«

Der verhinderte Abschied
Katia Manns von ihren Eltern

~~~

DER SOMMER 1938 WAR der letzte der Manns in Küsnacht, wo Hedwig (1855–1942) und Alfred Pringsheim (1850–1941) ihre Tochter mehrfach besucht hatten. Ihre eigene Emigration auch nur in Betracht zu ziehen, hatten sich Katias Eltern, inzwischen 83 und 88 Jahre alt, bisher beharrlich geweigert; stattdessen waren sie entschlossen, den »ganzen Nationalsozialismus glatt zu ignorieren«[135], und ergaben sich, den Ernst ihrer Situation verkennend, einem so erstaunlichen wie sträflichen Fatalismus – der zwangsweisen Abtretung ihres hochherrschaftlichen Domizils in der Münchener Arcisstraße, einem weiteren Zwangsumzug und den immer widrigeren und erniedrigenderen Lebensbedingungen zum Trotz.

»Ach du Dummerl«, hatte Hedwig Pringsheim noch am 15. Mai 1938 in ihrer eigenwilligen, alle Dehnungs-h's missachtenden orthografischen

꩜ Alfred und Hedwig Pringsheim, die Eltern Katia Manns,
um 1930 und vor 1942.

Diktion an ihre Tochter geschrieben, »du kannst doch nicht im Ernste
wänen, daß wir Uralten mit fast 88 und 83 Jaren uns noch, und dazu one
genügende Geldmittel, uns noch auf die Auswandererbeine machen können und euch guten Kindern zur Last leben und Begräbniskosten verursa-
chen würden! [...] Lieber in Deutschland ehrlich sterben, als in Kalifornien
jämmerlich verderben. Dixi. Und ist es, tränenden Auges, ein endgültiges
dictum.«[136]

Nun, da Thomas und Katia Mann nach insgesamt vier Besuchsreisen
in die USA die endgültige Übersiedlung in das Land vorbereiteten, hatten
die beiden »zähen Alten«[137] den verständlichen Wunsch, ihre Tochter ein
letztes Mal zu sehen. Nachdem ihnen Ende Januar 1937 die Auslandspässe
entzogen worden waren – vermutlich aus Rache wegen Thomas Manns
Briefwechsel mit Bonn, mit dem er auf die Aberkennung seiner Ehrendok-
torwürde reagiert hatte –, reisten sie im Juli 1938 auf ein paar Tage an den
Bodensee, um sich, so ihr Plan, in Erwartung eines zu erlangenden Tagesvi-
sums für die Schweiz in Kreuzlingen von ihrer Tochter zu verabschieden.

»Man hat uns das Inselhotel in Konstanz sehr empfohlen, das zwar
teuer, aber für kürzere Zeit wol erschwinglich sein dürfte, und vorzüglich
gefürt sein soll«, berichtete Hedwig Pringsheim am 21. Juli 1938. Und weiter:
»[N]ach guter, wenn schon heißer Fart sind wir gestern Abend hier eingetroffen, und die sehr freundliche Aufnahme im Hotel (vor dem man uns –

aus Gründen – gewarnt hatte), stimmte uns froh und aussichtsreich. Wir bekamen 2 sehr hübsche Zimmer mit Bad und großer Terrasse, das Hotel ist das schönste und nach jeder Richtung bestgefürte, das mir überhaupt bekannt, und das Morgen-Frühstück in dem idealen Garten erquickend und reizend.«[138]

Ergänzend dazu heißt es in Hedwig Pringsheims Tagebuch: »Nach bescheidenem Lunch um 1 Ur abgereist nach Konstanz, warme Fart, bis Ulm allein in bequemem Coupe I Kl., bis Friedrichshafen mit unhöflichem sehr hohem Parteimann. Dort aufs Schiff, das überfüllt, Kaffee getrunken u. angenehm gesessen. Nach 1 ½ St. Ankunft in Konstanz; in dem in jeder Beziehung wundervollen Inselhotel *gastlich* u. gut untergekommen.«[139]

Im Übrigen kannten Hedwig und Alfred Pringsheim das Inselhotel bereits: Im Sommer 1897 waren sie auf einer Reise in die Schweiz, die sie teils mit Bahn, Schiff und mit den Fahrrädern zurückgelegt hatten, auf eine Nacht hier abgestiegen.[140]

Am anderen Morgen führte Alfred Pringsheims Weg zum Bezirksamt, wo er das Tagesvisum für die Schweiz einholen wollte. »Und eben«, heißt

∾ Das *Inselhotel* in Konstanz, vormals Dominikanerkloster, o. J.

es in Hedwig Pringsheims Brief weiter, »kam er zurück, tiefst deprimiert, mit dem Donnerwort: ›hoffnungslos!‹ Und nun sitze ich hier im Schreibzimmer, unter dem tristen Eindruck dieser tristen Botschaft. [...] Ach, ach! und ich fürchte diese Chance dürfte denn wol die letzte gewesen sein« – »Als Herr Faydilon [Familienname für Alfred Pringsheim, M.B.] vorhin höchstpersönlich auf das ihm angewiesene Bezirksamt kam und sein Anliegen vortrug, wurde er barsch gefragt, auf Grund welches Ausweises. Er wies unsre so sauer erworbenen Pässe vor. Der barsche Herr blätterte sie durch, und als er auf das Wort ›Inland‹ stieß, gab er sie mit dem Ausdruck tiefster Verachtung und dem Wort ›Ausgeschlossen!‹ dem Inhaber zurück. Ließ sich auch auf keine Erörterungen weiter ein, und ging mit den Worten ›Die Sache ist erledigt!‹ zu andern Patienten über. Also: Die Sache ist erledigt.«[141] In seinem Lebensbericht *Der Wendepunkt* liefert Klaus Mann eine erweiterte, wohl auf mündlicher Erzählung beruhende Version:

»Wird Mielein das liebe Greisenpaar je wiedersehen? Aus dem letzten Rendezvous, kurz vor der Abfahrt nach Amerika, war nichts geworden. Jenseits der deutschen Grenze saßen die Uralten, mit einem Papier bewaffnet, welches sie zum Besuch der Schweiz berechtigte. Die Nazi-Wächter ließen es nicht gelten. ›Unsere Tochter!‹ rief der beinah Neunzigjährige. ›Sie wartet auf uns in Kreuzlingen, dort drüben, hinterm Schlagbaum. Laßt uns zu ihr, nur eine halbe Stunde!‹ Aber die Wächter zuckten nur die Achseln: ›Soll sie doch kommen, wenn ihr an euch liegt! Sie komme doch nach Deutschland, eure Tochter.‹ Es wäre Mieleins Ende gewesen. Zu ihrem Glück und unserem ging sie nicht in die Falle.«[142]

Auch der Plan, den Leiter der grenznahen Psychiatrischen Anstalt *Belle-Vue*, Ludwig Binswanger, unter dem Vorwand einer medizinischen Konsultation einzuspannen, erwies sich als undurchführbar. Was blieb, war ein Telefonat Alfred Pringsheims mit Katia Mann und ein Besuch Gret Mosers, der Zürcher Braut des jüngsten Mann-Sohnes Michael, die die beiden Alten im Inselhotel besuchte, um ihnen über den Schmerz ein wenig hinwegzuhelfen. An den folgenden Tagen unternahmen Hedwig und Alfred Pringsheim noch Ausflüge auf die Mainau und nach Meersburg, bevor sie am 27. Juli 1938 über Lindau unverrichteter Dinge wieder nach München zurückkreisten. Gesehen haben die beiden ihre Tochter nicht mehr.

Katia Mann war längst in den USA, als den Pringsheims die bis zuletzt aufgeschobene Flucht aus Deutschland schließlich doch noch gelang. Um die behördliche Genehmigung zur Ausreise zu erhalten, waren sie gezwungen, ihre zum national wertvollen Kulturbesitz erklärte Majolika-

Sammlung in London versteigern zu lassen. Vom Erlös sollte der Löwenanteil dem Staat als »Reichsfluchtsteuer« anheimfallen, der Rest dem Paar in der Schweiz zur freien Verfügung stehen. Nach Erinnerung von Golo Mann waren dies noch 58.500 RM – eine lächerliche Summe angesichts des Millionenwertes der Sammlung, für die aufgrund der grassierenden Kriegsangst ein höherer Erlös nicht zu erzielen war. Bei der Auflösung des Pringsheimschen Haushalts gaben sich Schätzer und Kauflustige, Antiquare und Kunsthändler die Klinke in die Hand.

Als sie bereits in der Schweiz in Sicherheit waren, teilte Hedwig Pringsheim ihrer Tochter die Umstände mit, unter denen sie »im allerletzten Moment, doch noch herausgekommen« waren:

»[...] merkwürdig genug! Da war ein S.S.-Mann, Obersturmfürer, sogar wie man hörte, mit dem Allerhöchsten liiert. Dieser S.S.-Mann hatte den Auftrag, unser der Partei verkauftes Haus möglichst rasch zu evakuiren. So kam er auch mit Fay in Verbindung, der ihm klagte, wir *wollten* emigriren, *könnten* aber trotz allen Versuchen unsere Pässe nicht erlangen. Nun war dieser Mann, trotz Ober-Nazi, ein liebenswürdiger, *sehr* gutartiger, verständnisvoller, und dazu noch ein hübscher jüngerer Herr, der sofort bereitwillig sagte: ›das will ich schon machen!‹ Er flog sofort nach Berlin, ging aufs Ministerium, und 2 Tage darauf hatten wir unsere Pässe! Sodaß wir nun in fliegender Eile unsere Sachen in Ordnung brachten und am 31ten October [1939, M.B.] in Zürich eintreffen konnten. Einen Tag später war der letzte Einreise-Termin abgelaufen und die Schweiz uns verschlossen! Gott segne den Obersturmfürer.«[143]

Ganz anders verlief die Einreise in die Schweiz, bei der Alfred Pringsheim ein letztes Mal die Schikanen der Nazis erleben musste. In Bregenz wurde er einer »abscheuliche[n], sadistisch-brutale[n] Revision« unterworfen. »Alfred in empörender Weise ausgezogen«, schrieb seine Frau, »untersucht, mishandelt, sodaß er fast den späteren Zug versäumte.«[144] So gelangten die Pringsheims über St. Margrethen nach Zürich, wo sie in der Seniorenresidenz *Rotes Schloß* in der Beethovenstraße ihre restlichen Tage verbrachten.

Am 1. November 1939 findet sich im Tagebuch Thomas Manns, dem die beiden Alten nach dem Urteil Golos »immer tief antipathisch«[145] waren, der Eintrag: »Meldung, daß die beiden Münchener Alten in Zürich eingetroffen.«[146] Und am 26. November 1939 teilte er seinem Bruder Heinrich mit: »Katja [sic!] ist beruhigt in dem Bewußtsein, daß ihre uralten Eltern nun wirklich doch noch in die Schweiz gelangt sind. Mit Hilfe namentlich des

⁓ Familienbild aus besseren Tagen: Thomas Mann, Elisabeth, Golo, Monika, Alfred Pringsheim, Katia Mann, Hedwig Pringsheim (v. li. n. re.), Nidden, 1930.

Hauses Wahnfried ist es schließlich gelungen, und für die Frist, die ihnen allenfalls noch gegeben ist, haben die alten ehemaligen Millionäre zu leben.«[147]

Und doch wollte sich bei Hedwig Pringsheim ein »Heimatgefül« nicht mehr einstellen, obschon Zürich sie stark an München erinnerte: »Fremd und unwarscheinlich mutet uns, namentlich mich, immer noch dies Definitivum an. Wird auch wol so bleiben, usque ad finem.«[148]

Ein weiteres Mal wollte Hedwig Pringsheim nicht umziehen. »Nein, Katjulein: ich siedele nicht nach Amerika, ich bleibe in Zürich«, beantwortete sie nach dem Tod ihres Mannes das Angebot Katia Manns, ihnen nachzuziehen. »... ich füle mich alt, verbraucht und so gänzlich ›ibrig‹, daß ich grad' eben noch so weiter vegetiren mag.«[149]

Ende Juli 1942, ein Jahr nach ihrem Mann, starb dann auch Hedwig Pringsheim.

*»Die Sache war fast
nicht zu glauben.«*

Bodenseebezüge
während des Exils in den USA

~~~

SEIT FEBRUAR 1939 LEBTEN Thomas und Katia Mann in den USA, dessen Staatsbürgerschaft Thomas Mann 1944 annehmen sollte. Nach einem zweieinhalbjährigen Aufenthalt in Princeton, wo er dank der Protektion seiner Bewunderin und Mäzenatin Agnes Meyer zu einer existenzsichernden Stellung als *lecturer* fand, zog das Paar an die kalifornische Westküste, wo ihm seit Anfang 1942 in Pacific Palisades eine selbstgebaute Villa nördlich von Los Angeles zur Verfügung stand. Obgleich tief in der deutschen Sprache und Dichtung verwurzelt und niemals bereit, den Europäer in sich zu verleugnen, verstand sich Mann als überzeugter Bürger des Landes, das sich von seiner missbrauchten Heimat so grundlegend unterschied.

Vom Kriegsbeginn und der damit einhergehenden Unterbrechung der alten Verbindungen blieb auch Thomas Manns verlegerische Situation nicht unberührt. Von der »Joseph«-Tetralogie waren nur noch die beiden ersten Bände – *Die Geschichten Jaakobs* (1933) und *Der junge Joseph* (1934) – in die Hände deutscher Leser gelangt. Schon 1936 war der gefährdete Verlag S. Fischer zunächst nach Wien verlegt und im Sommer 1938 in Stockholm neu gegründet worden. Hier erschienen noch Manns Essaysammlung *Achtung Europa!*, einige weitere Schriften und 1939 *Lotte in Weimar*. Vom dritten Band der »Joseph«-Romane, *Joseph, der Ernährer*, konnte Manns amerikanischer Verleger Alfred Knopf eine deutschsprachige Ausgabe herausbringen. Da Thomas Mann als einziges deutschsprachiges Publikum das kleine schweizerische geblieben war, mussten die »Aussichten auf die Einkünfte von seinen Büchern [...] als durchaus unsicher eingeschätzt werden«[150].

In dieser Situation verstand es die *Pazifische Presse* in Los Angeles, sich die Rechte für drei bibliophile Privatdrucke mit Arbeiten Thomas Manns zu sichern. Neben Titeln von Lion Feuchtwanger, Alfred Döblin, Franz Werfel und anderen waren dies Auszüge aus *Joseph der Ernährer* (*Thamar*, 1942), die Moses-Novelle *Das Gesetz* (1944) und *Leiden an Deutschland* (1946) – letzteres Tagebuchblätter aus den Jahren 1933 und 1934, in denen der Autor Hinweise auf sein langes Schwanken in der Frage »Exil oder Rückkehr nach Deutschland« getilgt hatte.

Dass der Autor mit Aufmachung und Ausstattung der drei Bände zufrieden war, belegt sein Eintrag ins Tagebuch vom 18. Dezember 1942: »Zum Thee Gottlieb und Guggenheim, die Exemplare der hübsch gedruckten ›Thamar‹ überbrachten. Signierte eine größere Anzahl.«[151]

Gemeint waren mit den beiden genannten Verlegern der Musikologe Ernst Gottlieb und der aus Konstanz stammende Felix Guggenheim, ehemaliger Finanzdirektor der Deutschen Buchgemeinschaft. Guggenheim hatte sich nach 1933 in seiner Stellung noch erstaunlich lange halten können, war erst 1938 in die USA emigriert und rief als Ergänzung zur *Pazifischen Presse* Autoren-Abende ins Leben, um Schriftstellern im Exil ein Forum zu bieten. Mit ihren Auflagen zwischen 250 und 500 Exemplaren besetzte die *Pazifische Presse* eine Nische im Exilverlagswesen, das seine Aufgabe im Allgemeinen weniger in der Herausgabe von Luxus-Ausgaben sah als in einer auflagenstarken Verbreitung anti-nazistischer und humanistischer Literatur. Die *Pazifische Presse* wurde als »bedeutendste bibliophile Buchproduktion des Exils überhaupt«[152] bezeichnet.

1942 hatte Felix Guggenheim überdies einen Ausschuss mitbegründet, der sich gegen die unterschiedslose Klassifizierung von Einwanderern als »enemy aliens« wandte. In diesem Zusammenhang erhielt er gemeinsam mit Thomas Mann und Bruno Frank eine Vorladung, um zu einer geplanten Internierung ehemaliger Bürger aus den Achsenmächten Stellung zu nehmen. Da Guggenheim offenbar selbst observiert wurde, befragte das FBI Anfang 1944 Thomas Mann in Sachen »Guggenheim.«[153] Nach dem Kriege reüssierte Guggenheim als Literaturagent und Fachmann in Urheberrechtsfragen.

Nach Vollendung des vierten Bandes von *Joseph und seine Brüder* nahm Mann im Frühjahr 1943 die Arbeit am *Doktor Faustus* auf – 42 Jahre, nachdem er sich erstmals »etwas vom Teufelspakt eines Künstlers als mögliches Arbeitsvorhaben notiert«[154] hatte. Die höchst kunstvolle Verbindung von Musik, Kultur- und Epochenkritik, doppelt gespiegelt in den Lebensläufen sowohl des fiktiven Komponisten Adrian Leverkühn als auch seines Biografen Serenus Zeitblom, erforderte ausgedehnte musikwissenschaftliche, historische und literarische Studien.

Für dieses Werk, das »die Heraufkunft des Bösen [...] aus seinen geistigen und kulturellen Voraussetzungen zu begreifen suchte«[155], zog der Autor zahlreiche Experten hinzu. Unter ihnen Arnold Schönberg und

⌒ Thomas Mann und ein unbekannter Herr, USA, um 1943.

Theodor W. Adorno, der, noch bevor er zu Manns wohl wichtigstem musikologischen Berater wurde, ihn auf eine Schrift mit dem Titel »Eingebung und Tat im musikalischen Schaffen« (Leipzig, 1939) hinwies.

Autor dieser auf Experiment und Umfragen beruhenden Untersuchung war der Kulturpsychologe und Musikwissenschaftler Julius Bahle, dessen Arbeitsschwerpunkte auf der Psychologie des künstlerischen Schaffensprozesses lagen. Bahle hatte sich nach einer öffentlich ausgetragenen Kontroverse mit dem Komponisten Hans Pfitzner Anfang 1936 aus dem akademischen Umfeld nach Hemmenhofen am Bodensee zurückgezogen, wo er weiter an seinen Fragestellungen arbeitete. Mann stufte Bahles Schrift im Tagebuch als »wichtig«[156] ein und erwähnte den Autor auch namentlich in der *Entstehung des Doktor Faustus. Roman eines Romans.*

»Alles deutet darauf hin«, schreibt Hans Rudolf Vaget, »dass Bahles Buch dem ›Faustus‹-Autor geholfen hat, das Dilemma seines modernen Faust auf den Punkt zu bringen, nämlich die Frage der Inspiration.«[157] Dem gedanklichen Niederschlag von Bahles Arbeit begegnet man vor allem in den Kapiteln VIII und XXV des *Doktor Faustus*.

Zu den Quellen, die Thomas Mann zur Charakterisierung der religiösen und theologischen Vorstellungswelt des Spätmittelalters im *Doktor Faustus* heranzieht, gehört neben dem *Volksbuch vom Doktor Faust* und Luthers Briefen auch der um 1486 erschienene, Heinrich Institoris zugeschriebene *Hexenhammer* (»Malleus maleficorum«), der der Inquisition als legitimierende Grundlage diente. Ihm hat Mann eine kurze Episode entnommen, die am Bodensee spielt und die er zu einer vierseitigen Geschichte ausgesponnen hat.

In ihrem Zentrum steht ein junger Meersburger, ein »ehrlicher Bursch, Heinz Klöpfgeißel geheißen und Faßbinder seines Zeichens«, der in »inniger Wechselneigung mit einem Mädchen« namens Bärbel stand. Nächtens stieg er ein bei der einzigen Tochter des verwitweten Glöckners, sobald dieser »glöckeln« gegangen war, und beließ es nicht bei Umarmungen. Was ihm Bärbel gratis bot, wollte er, ungenügsam wie er war, im Konstanzer »Zatzenstift«, einer üblen »Schlupfbude«, auch käuflich haben. Doch versagten dem ansonsten kerngesunden Bursch – das Bild der Meersburger Geliebten stets vor Augen – bei einer »ungrischen Schlumpe«, aber auch bei allen anderen Weibsbildern die Kräfte. Der Meersburger Pfaff, dem er das schänd-

~ Julius Bahle, um 1930.

liche Versagen beichtete, ließ Bärbel durch die Inquisition »einziehen«, vor der sie nach bekannter Hexenprozessmanier ihr Satansbündnis mit einem bocksfüßigen Mönch gestand. Dieser soll ihr eine »Liebespanazee« verschrieben haben, mit der sie Klöpfgeißels Fleischeslust auf andere Weiber künstlich klein hielt. Bärbel wurde dem Scheiterhaufen übergeben; danach fühlte sich Klöpfgeißel wieder als ganzer Mann.[158]

Neben Felix Guggenheim, Julius Bahle und dem historischen Klöpfgeißel gibt es im *Doktor Faustus* mit Carl Alexander von Gleichen-Rußwurm einen vierten Bodenseebezug. Thomas Mann erwähnt diesen Namen zum einen als Verfasser kulturgeschichtlicher Bücher, sodann als Urheber der sogenannten »Maus-Affäre«, mit der es folgende Bewandtnis hatte: Der Baron, der kurz nach dem Ersten Weltkrieg das *Hotel Krone* in Wasserburg erworben und dessen obersten Stock für seine Aufenthalte am Bodensee reserviert hatte, war Mitte der Zwanzigerjahre in Geldschwierigkeiten geraten und kündigte einem Münchener Juwelier die Übersendung einer kostbaren Kette mit 234 Zuchtperlen an, die er umgearbeitet wünschte. Als der Juwelier die hoch versicherte und äußerlich unversehrte Sendung öffnete, enthielt sie statt einer Kette – eine tote Maus.

»Die Sache war fast nicht zu glauben«, heißt es bei Thomas Mann. »Offenbar war die Idee gewesen, daß der Nager sich durch die Hülle beißen und entkommen sollte, – die Illusion erzeugend, daß das Geschmeide durch das Gott weiß wie entstandene Loch gefallen und verlorengegangen sei, womit die Versicherungssumme fällig gewesen wäre. Statt dessen war das Tier verendet, ohne den Ausgang zu schaffen, der das Abhandenkommen des nie hinterlegten Colliers erklärt hätte.«[159]

Dies war jedoch nur *eine* Erklärung für den niemals wirklich aufgeklärten Tathergang. Denn der Baron, auf den der Verdacht zunächst fallen musste, hatte die Sache selbst angezeigt und nach Beginn des Ermittlungsverfahrens seinen Anspruch auf Ausbezahlung der Versicherungssumme von 65.000 Mark zurückgezogen, um Jahre später gleichwohl wegen Versicherungsbetrugs angeklagt und zu einer Geldstrafe von 10.000 Mark verurteilt zu werden. In den Verhandlungen hatte sich von Gleichen-Rußwurm gegen alle Anschuldigungen verwahrt, die Kette als ein wertvolles Familienstück bezeichnet und dem Gericht immer neue Geschichten aufgetischt, die die beigezogenen Gutachter zu dem Schluss kommen ließen, es handele sich bei ihm um ein Opfer krankheitsbedingter Halluzinationen und zeitweise desolater Bewusstseinszustände.

Auch die in Wasserburg erfolgten Befragungen führten nicht weiter. Dagegen wusste das Personal in Bonnland, dem fränkischen Wohnsitz von Gleichen-Rußwurms, von seltsamen koprophilen Handlungen des Barons. Doch dies vor Gericht auszubreiten, verbot sich – das war weder dem Betroffenen noch seiner Familie zuzumuten. War dieser Carl Alexander von Gleichen-Rußwurm denn nicht auch ein erfolgreicher, wenngleich nicht unumstrittener Schriftsteller und vor allem – so nahe kann das Erhabene beim Lächerlichen liegen – als Urenkel Schillers dessen letzter Nachkomme? Ob der »Mäusebaron« sein Schelmenstückchen, wie Thomas Mann

~ Thomas und Katia Mann, Pacific Palisades, 1941.

meint, gar in einem kulturhistorischen Buch aufgepickt hatte und somit ein Opfer seiner Lektüre wurde? Jedenfalls sah der Autor des *Doktor Faustus* in der Handlung von Gleichen-Rußwurms einen Beleg für die »moralische Verwirrung der Zeit«.[160]

»*Nicht leicht bin ich geschieden von unserm Schweizerland…*«

Thomas Manns Lesereisen nach dem Krieg

~~~

DER AUFFORDERUNG DES KOLLEGEN Walter von Molo zur Rückkehr nach Deutschland mochte Thomas Mann nicht folgen. In seiner Entgegnung auf von Molos offenen Brief vom September 1945 sprach Mann zwar von »unzerreißbaren Banden«, die ihn an Deutschland ketteten, doch sei das durch Ausbürgerung erlittene Unrecht nicht einfach vom Tisch zu wischen; auch sei ihm »Deutschland […] in all diesen Jahren doch recht fremd geworden. […] Ich gestehe, daß ich mich vor den deutschen Trümmern fürchte – den steinernen und den menschlichen.«[161]

St. Gallen mit Bodensee, historische Ansichtskarte, o. J.

Diese Ambivalenz der Gefühle verkehrte sich mehr und mehr ins Negative. Zum einen erboste Mann die Schutzformel »Innere Emigration«, mit der sich viele der daheimgebliebenen Kollegen nur allzu gern zu Märtyrern stilisierten; zum anderen trug sein eigenes Pauschalurteil, wonach allem in Deutschland zwischen 1933 und 1945 Gedruckten »[e]in Geruch von Blut und Schande«[162] anhafte, zur Polarisierung bei, die in regelrechte Kampagnen gegen ihn mündete. So schloss sein Europabesuch – anders als im Falle von Erika, Klaus und Golo Mann, die schon bei Kriegsende und teils im Gefolge der Besatzungstruppen nach Deutschland zurückgekehrt waren – einen Besuch in der Heimat zunächst aus.

Am 16. Mai 1947 traf Thomas Mann in Southampton ein – die meiste Zeit bis zu seiner Rückkehr in die USA im August sollte er in der Schweiz verbringen. Ende Mai besuchte Thomas Mann die Druckerei Winterthur A.G., wo sein *Doktor Faustus* hergestellt wurde. Mitte Juni 1947 hielt er in St. Gallen einen Nietzsche-Vortrag, dessen

Thomas Mann in Stein am Rhein mit unbekanntem Paar, o. J.

Erlös einem Münchener Waisenhaus zugutekommen sollte. Am 11. Juli las er in der St. Galler Tonhalle aus *Doktor Faustus*.

»[W]ir erfuhren aus den beiden Romankapiteln«, schrieb Richard B. Matzig in seiner Kritik, »die Mächte der in allen Fazetten funkelnden Ironie, die romantisch ist in ihrer Bewußtheit, in ihrem Erkennen, daß Traum und Wirklichkeit böse und lächerlich zusammenstoßen – wir erlebten des Dichters Menschengestaltung aus Spiegelungen und Brechungen der Gespräche, wir lernten vieles und Wesentliches aus dem Zusammentreffen des jüdischen Impresarios, der französische Leichtigkeit mimt und heimlich die unberührbare Versunkenheit des Deutschen, des deutschen Musikers bewundert – wir waren fasziniert von der psychoanalytischen Durchdringung der Gestalten, in deren Methode – vor Sigmund Freud – die Franzosen Stendhal und Flaubert und der Russe Dostojewskij Meister waren.«[163]

Tags darauf stattete Mann der Stiftsbibliothek einen Besuch ab.[164] Nur wenige Tage später – am 22. Juli 1947 – führte ihn ein Ausflug an den Untersee:

»... in 2 Autos mit Dr. Job, Dr. Heer, Dr. Helbling und Damen zum Ausflug über Stein am Rhein (Trunk im Erker der ›Sonne‹) nach Ermatingen. Wiedersehen mit dem ›Adler‹ und der alten Frau Heer. Wein im

~ Thomas Mann, Zürich, 1949.

Garten [...]. Diner 6 Uhr im alten Saal. Kaffee in der Dämmerung im Garten. Heimfahrt bei Nacht.«[165]

Am 5. August 1947 schließlich folgte Mann der Einladung zu einer Lesung in Amriswil, wo er wiederum aus dem *Doktor Faustus* las – diesmal die Kapitel XIX und XXV. Wie aber kam es zu dieser Lesung in dem Ort, von dem Mann zuvor noch nie etwas gehört haben dürfte?

»Die Organisatoren einer Thomas-Mann-Lesung in der St. Galler Tonhalle suchten für die Überführung des Dichters von seinem Ferienort Flims nach St. Gallen einen Chauffeur, Larese bot sich für diesen Dienst an und gewann Mann auf der Fahrt für eine Lesung in Amriswil. Sorgen bereitete einzig das Honorar. Mann wollte nicht unter eine Grenze von 400 Franken gehen, die finanziellen Möglichkeiten des Vereins erlaubten aber nur 300 Franken. Schließlich gab Mann nach, forderte aber von den Veranstaltern Stillschweigen: ›Wenn Sie niemandem etwas sagen wollen von den 300 Franken, so soll es mir recht sein. Ich gehe damit nämlich um mindestens 200 Franken unter meinen Preis, und andere Gesellschaften dürfen es nicht wissen.‹«[166]

Der *Amriswiler Anzeiger* druckte nicht nur Matzigs Bericht über die St. Galler Lesung nach, sondern stimmte die Hörer überdies durch eine pathetische Eloge auf den Vortragenden ein:

»... damals schüttelte Thomas Mann den Staub seiner Heimaterde von den Schuhen und trug das Beste, was es zu retten gab, die Kostbarkeit des deutschen Geistes mit sich in die Fremde. Und, mehr, als dass er (der unbeirrt den bitteren Weg des Exils durchmass) ihn hütete: immer neuen Glanz verlieh er ihm, Meisterwerk reihte sich auf Meisterwerk, und je fins-

Zürich den 22. VII. 47

Lieber Herr Larese,

halten wir also fest am 5. August,
Dienstag! Wenn Sie niemandem etwas sagen
wollen von den 300 Franken, so sollen Sie
mir recht sein. Ich gehe nämlich damit
um mindestens 200 Franken unter meinem
Preis, und andere Gesellschaften dürfen es
nicht wissen.

Wollen Sie uns abholen und wie-
derbringen? Sind Sie einverstanden, dass ich
das gleiche Programm lese wie in St. Gallen?
Ich höre das Nähere noch von Ihnen.

Auf Wiedersehen!

Ihr
Thomas Mann.

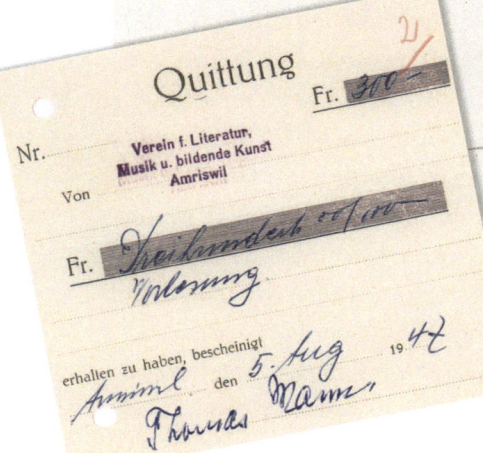

❧ Brief Thomas Manns vom 22. Juli 1947
an Dino Larese: »Halten wir also fest am
5. August [...]«.
❧ Quittung vom 5. August 1947 über das
Honorar Thomas Manns für die Lesung in
Amriswil.

93

~ Katia und Thomas Mann, Kilchberg, 1955.

terer und unheilvoller das Gewölk sich über Europa ballte, desto heller und mächtiger flammte das Mahnmal seines Worts. Wie sie ihn hassten, der mit dem Lichte des Geistes in ihre Henkerfratzen zündete. Wie sie ihn lästerten ...«[167]

Über den Abend trug Mann ins Tagebuch ein:

»Nachmittags Fahrt mit Larese nach Amriswil, Thurgau, $^5/_4$ Stunden. Absteigen im Hotel des Städtchens von 5000 Einwohnern. Besichtigung des Vortragssaals, Kirche, Gemeindehaus. Diner mit Larese u. seinem jungen Bruder. Vorlesung in dichtgefülltem, gläubigem Saal (Fitelberg und op. 111). Große Dankbarkeit. War recht sehr erschöpft. Nachher Geselligkeit im Hotel, Tasse heißen Kaffees tat sehr wohl. Gäste aus dem ganzen Kanton. Citierendes, begeistertes Studenten-Paar, er und sie. Der Arzt u. Maler von Ermatingen. Frau Heer. Beilage der Thurgauer Zeitung. – Reichlicher Regen. Rückfahrt nachts bei Mondschein über Frauenfeld, Winterthur mit dem gesunden und ziemlich spitzbübischen Kindervater Larese, der keineswegs mein Gutmütigkeitshonorar von 300 Franken erhöhte. – 1 Uhr ins Bett.«[168]

Anscheinend hinterließ nicht nur Manns Lesung einen nachhaltigen Eindruck in Amriswil, sondern das dortige Publikum auch beim Autor – schrieb Thomas Mann doch am 13. August 1947 aus Amsterdam in einem Rückblick:

»Lieber Herr Larese, schon die Lektüre der anlässlich meines Besuches in Amriswil herausgegebenen Beilage der Thurgauer Zeitung hatte mich sehr gerührt und erfreut. Nun höre ich, dass Sie zusammen mit Ihrem Bruder noch eine kleine Extra-Publikation zu Ehren meiner Arbeit, eine Art Festschrift zu veranstalten beabsichtigen – und kann zur Erwiderung und persönlichen Beisteuer nur meiner herzlichen Dankbarkeit Ausdruck geben für soviel Anteilnahme und Aufmerksamkeit, soviel guten Willen, den Leuten klar zu machen, dass hier Einer ist, der es sich, mit Goethe zu reden, ›hat sauer werden lassen‹. Nun ja, ich habe mir Mühe gegeben, Mühe um das ›Gute‹ im weitesten Sinn, nicht nur dem aesthetischen. Das ist alles, was ich von mir zu sagen wage, und wenn andere es bestätigen, so will ich froh sein. Es ist ein schönes Wort von Grillparzer: ›Tadelt mich nicht – ich tu es selber. Lobt mich nicht, denn es beschämt mich. Nehmt es als ein Leben an!‹.

Ihr Amriswil war wohl die kleinste Gemeinde, in der ich je gelesen habe. An gebildet entgegenkommender Empfänglichkeit des Publikums, das sie stellte, konnte sie es wahrhaftig mit jeder grossen, berühmten Stadt und Kulturstätte aufnehmen. Das ist echt schweizerisch und nur schweizerisch. Ein Abend wie der unsere hätte in keiner entsprechenden Örtlichkeit der grossen Länder Frankreichs, Englands, auch Deutschlands, irgendwelche Möglichkeit gehabt. Es ist ein für mich höchst eindrucksvolles Zeichen für die wahrhaft demokratischen Erziehungsverhältnisse in Ihrem Lande, der Ausgeglichenheit des kulturellen Niveaus, einer ganz eigentümlichen Dezentralisation der Bildung, bei der von ›Provinz‹ nicht die Rede sein kann. Nicht leicht bin ich geschieden von unserm Schweizerland, wo ich durch Wochen soviel Liebes und Gutes erfahren, deren zugleich sanftes und kräftiges Menschentum ich liebe von jungauf, und in der die landschaftlichen Schönheiten, idyllisch oder majestätisch, sich drängen wie sonst nirgends auf der Welt. Nun blicken die Fenster meines Hotelzimmers nicht mehr auf den Zürichsee und die Limmat, sondern auf die Amstel, und nur Tage noch, so werde ich mich wieder einschiffen zur Rückkehr in meine neue, riesige Heimat. Ich wünsche der Welt Frieden und mir Gesundheit, damit ich bald wiederkommen kann. Ihr ergebener Thomas Mann.«[169]

Als Thomas Mann seinem Sohn Klaus von der Lesung erzählte, wandte sich dieser von Amsterdam aus ebenfalls an Larese, um seine wie immer prekäre finanzielle Situation durch Auftritte in der Schweiz aufzubessern.

»Ich bin gerade damit beschäftigt«, schrieb er am 25. August an den »Arrangeur und Mittler«, »einen Vortrag vorzubereiten, den ich (auf englisch) in verschiedenen holländischen und skandinavischen Städten halten soll. Es handelt sich dabei um eine ziemlich zwanglose ›causerie‹ über literarische Zustände in Amerika – besonders um die Aussichten und Erfahrungen eines europäischen Schriftstellers, der sich zu ›amerikanisieren‹ versucht. Ich sollte denken, dass dieses Thema auch in der Schweiz interessieren könnte. (Ich würde dort natürlich auf deutsch sprechen.) Als Titel käme vielleicht in Frage EIN EUROPÄISCHER SCHRIFTSTELLER IN AMERIKA oder auch einfach LITERATUR IN AMERIKA oder WO STEHT DIE AMERIKANISCHE LITERATUR? Glauben Sie, dass Sie mir einige Engagements verschaffen könnten? Vielleicht strecken Sie einmal Ihre Fühler aus und kommen in Kontakt mit literarischen Gruppen in Zürich, Basel, Bern, Luzern, Winterthur usw. Was für Honorare werden für Vorträge dieser Art bezahlt? (Ich darf hinzufügen, dass ich ein recht geübter alter ›Vortrager‹ – oder, wie man drüben sagt, ›lecturer‹ – bin [...]. Mit bestem Gruss Ihr ergebener Klaus Mann.«[170]

Am 18. Oktober schrieb Klaus Mann an Fritz Strich, »[e]in Onkel namens Dino Larese«[171] bemühe sich um eine Vortrags-Tournee, wobei ihm Dr. Curjel zur Hand gehen wolle; jedoch kam es weder zu einem Auftritt in Amriswil, noch scheinen die Lesungen am Radio Zürich und nachfolgend in Solothurn und Aarau auf Vermittlung Lareses zurückgegangen zu sein.[172]

*»An den Türstufen
des Grenzwirtshauses
endeten lange Jahre.«*

Auf den Spuren
Viktor Manns
in Kreuzlingen
und Konstanz

~~~~~~

NOCH VOR SEINER AMRISWILER LESUNG war Thomas Mann mit seinem jüngeren Bruder Viktor zusammengetroffen, der während der Zeit des Nationalsozialismus in München geblieben war. Im Vorfeld seiner Europa-Reise hatte er noch mit einem privaten Abstecher nach München geliebäugelt, im März 1947 jedoch wieder davon Abstand genommen: Der private Charakter eines solchen Besuchs wäre bei den an Schärfe gewinnenden Auseinandersetzungen um seine Person unmöglich zu wahren gewesen. So kam man überein, dass Viktor Mann an den Bodensee kommen sollte, um von Konstanz aus ins benachbarte Kreuzlingen zu gelangen, wo der Bruder ihn abholen würde.

Zum Übertritt nach Kreuzlingen bedurfte es freilich eines Laissez-passer, das Viktor Mann durch weitreichende Beziehungen des Verlegers Johannes Weyl (Südverlag) und die Protektion eines französischen Grenzoffiziers erhielt. In seinen familienbiografischen Erinnerungen *Wir waren fünf* von 1949 beschrieb Mann den Weg zum Wiedersehen nach 13 Jahren:

»Eine städtische Straße führte zur Grenze. Eine deutsche Nachkriegsstraße. Unzerstört zwar, aber grau und elend, wie überall im Lande. Leere Läden, arme Menschen, ein Hungerweg. Dünner Regen fiel.

Und ohne jeden Übergang, den sonst vielleicht ein Bergrücken, eine Brücke, eine Strecke freien Landes andeutet, änderte diese Straße hinter einem Querbaum, den das geblendete Auge übersah, jäh ihr verhärmtes Gesicht: blitzsaubere Fassaden, Auslagen, von Waren aller Art überquellend, und Menschen mit freundlichen Gesichtern, geruhsam schreitend und fast so aussehend wie vor

Viktor Mann, München, um 1942.

⌒ Die Grenze Kreuzlingen – Konstanz mit der *Traube am Zoll* (li.),
historische Ansichtskarte, o. J.

langer, langer Zeit wir selbst. Ich hatte mir zwar das alles genauso vorge-
stellt, aber die Wirklichkeit mutete doch traumhaft an. Zudem brach die
Sonne durch, als ich am Schlagbaum stand.

Unter jovialen Erklärungen wurde in einem dicken Buch nachgeschla-
gen, ob ich kein gesuchter Verbrecher sei. Tatsächlich war einer unseres
Namens als Wechselfälscher verzeichnet, aber der Vorname stimmte nicht,
ich wurde eingelassen.

›Um halb elf Uhr im ersten Gasthaus rechts‹, hatte die telephonische
Verabredung gelautet, denn es hatte sofort nach Ankunft der Tommys in
Zürich Telephongespräche gegeben. Ich tat zehn Schritte und stand vor der
›Traube am Zoll‹. Nie werde ich dieses freundliche Wirtshaus vergessen;
seinen grünen Terranova-Bewurf, die blinkenden Fenster, den Zigarrenla-
den und die kleine Gaststube mit richtigen Streichhölzern auf den Tischen,
einer Vitrine mit Zigaretten und Schokolade und der Aufforderung ›Eßt
Käse!‹ an der Wand. Diese Einkehr war köstlicher als die in allen Grand-
hotels meines Lebens.

~ Thomas Mann, um 1948.

Aus Märchenzeiten her hatten sich daheim noch zwei Schweizer Franken gefunden, und so trank ich einen Kirsch und rauchte wirkliche Zigaretten dazu. Um zehn Uhr deutscher Zeit war ich über die Grenze gegangen. Da das aber in der Schweiz erst die achte Stunde bedeutete, ging ich noch durch das Städtchen, wie durch das Schlaraffenland. Aber viel unglaubhafter als alle Orangen, Schokolade, Seidenstrümpfe und Havannas war mir die überall gleiche Freundlichkeit der Menschen.

Dann kehrte ich in meine ›Traube am Zoll‹ zurück und saß mit richtiggestellter Uhr am Fenster.

Es war ja wirklich bedauerlich, daß unser Wiedersehen nicht bei uns drüben in der Heimat, in unserer Wohnung inmitten der alten Möbel und unter den Blicken der Vorfahren an den Wänden stattfinden durfte. Noch bedauerlicher war es, daß die von mir vorausgesehenen Mißverständnisse und Angriffe schlimmer waren als erwartet. Schon nach Thomas' Landung in Southampton hatte es eine böse Falschmeldung gegeben. Von vielen Reportern mit der Frage angefallen, ob er Deutschland besuchen werde, hatte Thomas geantwortet, er möchte weder München noch Bonn, wo man ihm kürzlich ja den Ehrendoktor in so schöner Form zurückgegeben habe, ›unter alliierten Bajonetten‹ wiedersehen. Aber mit jenem Unvermögen der Menschen, Nachrichten richtig weiterzugeben, das ich ja schon beim Signaldienst der Rekruten kennengelernt hatte, war das so töricht entstellt worden, daß die Deutschen in allen Blättern lasen: ›Thomas Mann will weder nach München noch nach Bonn, wo man ihm seinen Ehrendoktor unter dem Druck der alliierten Bajonette zurückgegeben hat.‹

Ein sofortiges Dementi war, wie immer im nachhitlerischen Deutschland, nicht vom zehnten Teil derer gelesen worden, die der bösartige Unsinn in Zorn oder Trauer versetzt hatte.

Und es blieb nicht bei diesem Mißverständnis. Daß Thomas beim Züricher Weltkongreß des Penklubs gegen heftigen Widerstand die Wiederaufnahme der deutschen Gruppe durchsetzte, während ein gleichzeitig tagender Sozialistenkongreß die Rückkehr der Deutschen ablehnte; daß der deutsche Dichter, dem die Welt vertraute, wenn er, der nichts Gewesenes vertuschte, für die Heimat sprach, hier die gleiche Trotzdem-Liebe und Zugehörigkeit bekannt hatte wie in der Rede ›Deutschland und die Deutschen‹ – es wurde zwar zur Kenntnis genommen, aber die Mißklänge waren lauter.

Arme Heimat, dachte ich an meinem blanken Wirtshausfenster, wie geschändet, geschlagen und ausgeblutet bist du doch, wie anfällig für jeden Haß und wie unfähig noch der guten Gefühle. Mir kommen sie freilich leichter zurück in diesem Fall, obgleich ich zu dir gehöre. In diesem Fall, der mir jetzt gleich, in wenigen Minuten, einen Bruder zurückgeben wird.

Sehr pünktlich schoß ein großer Wagen heran und hielt hart vor dem Schlagbaum. Am Steuer eine hübsche Unbekannte und neben ihr Erika. Ich erkannte noch Katia und rannte aus der Stube. Thomas kam mit raschen Schritten über die Straße auf mich zu. An den Türstufen des Grenzwirtshauses endeten lange Jahre.«[173]

∾ Viktor Mann, um 1947/1948.

Die »hübsche Unbekannte« neben Erika war ihre Schulfreundin Gret Moser, inzwischen Ehefrau von Thomas Manns Jüngstem.

Die Erwartungen und Gefühle Viktor Manns stehen jedoch in krassem Gegensatz zum frostig-knappen Tagebuch-Eintrag des Bruders: »Fahrt mit Gret an die Grenze zur Begegnung mit Vikko, der mit nach Zürich kam. Lügen, Vernebelung, erdrückende Umarmung. Alles sehr seltsam.«[174]

In dem brüsken Eintrag spiegeln sich Vorbehalte, wie sie für Emigranten nicht untypisch waren und zumal durch die starken Ressentiments Erika Manns noch verstärkt worden waren. Wem sollte man in dieser Situation auch vertrauen, da niemand ein Nazi gewesen sein wollte und alle nur von »Verführung« und Schuld der Oberen sprachen? Allzu unbesehen wurden die Erfahrungen und Vorurteile auf Viktor Mann übertragen, der so als ein »ganz typischer kleiner Teutone«[175] galt.

Im konkreten Fall kamen Einschätzungen hinzu, die Viktor ohnehin nicht gut wollten. So hatte Thomas Mann nach Beilegung seines Zwistes mit Bruder Heinrich einmal an Ernst Bertram geschrieben, er habe »in höherem Sinn« ohnehin nur einen Bruder – der andere, Viktor, sei »ein guter Bursch, mit dem keine Feindschaft möglich wäre«[176].

Doch die Vorbehalte gegen Viktor waren nicht nur politischer Natur. Der studierte Landwirt, der es in der Bayerischen Handelsbank zum Leiter der Abteilung für Agrarcredit gebracht hatte, galt in der Familie ohnehin als schwarzes Schaf und schien aus der Art geschlagen, was in der Mann-Biografik bis heute nachwirkt. Schon für Klaus Harpprecht war Viktor der »bieder-fröhliche Onkel«, »den sie allesamt für ein wenig unbedarft hielten«[177]; ein anderer Biograf, Hermann Kurzke, machte ihn in seinem gehässigen Porträt nachgerade zum »Idioten der Familie«: »menschlich viel zu robust, um zum Literaten zu taugen«, war er, Viktor, »Bauer, Corpsstudent, Offizier und Pferdeliebhaber, blond, blauäugig und gewöhnlich, innerlich weit entfernt von den Subtilitäten der übrigen Mann-Kinder.«[178] Nur so sei es möglich gewesen, als Bruder und Onkel mehrerer ausgebürgerter Manns das Dritte Reich unbeschadet zu überstehen.

~ Viktor Mann und seine Frau Nelly, München, um 1914.

Zweifellos war Viktor Mann unter den Brüdern der robusteste, vielleicht auch – in einem kommunen Sinne – der gesündeste, unkomplizierteste und wohl auch geselligste. Dabei spielte – der jüngste Mann war ja schon mit zwei Jahren nach München gekommen – das Deftige des bayerischen Volksnaturells eine große, wenn nicht entscheidende Rolle. Das disponierte ihn, bei aller geistigen Aufgeschlossenheit, für eine gewisse Lust am Derben, Realen und Gewöhnlichen.

»Gewöhnlich« – das Wort wurde im Hause Mann gern gebraucht, und zwar abwertend: für Viktor Manns Frau Nelly, und für die andere Nelly, Heinrich Manns zweite Frau, ohnehin. Auch für Viktor selbst stand das Wort gelegentlich bereit. So viel sei immerhin zugegeben: Vom Schlage Thomas Manns war Viktor nicht. Schon durch Hobbys wie Reiten und

Segeln, in denen sein lebensvolleres Wesen zum Ausdruck kommt, unterschied sich Viktor vom feinsinnig-morbiden Ästhetizismus des Bruders.

Nach der Rückkehr von seinem Kreuzlinger Wiedersehen, das in Zürich eine Fortsetzung gefunden hatte, stattete Viktor Mann an einem der kommenden Abende Johannes Weyl, dem Gründer des Südverlags, einen Dankbesuch ab – für das Erwirken des hilfreichen Laissez-passer. Mit dabei war der befreundete Lektor und Kulturredakteur Ludwig Emanuel Reindl. Beide waren von den gegen Viktor Mann gerichteten familiären Vorbehalten, die sie nicht ahnen konnten, frei und von der Erzählgabe Manns fasziniert.

Reindl erinnerte sich an diese Zusammenkunft so:

»Als Viktor Mann, der jüngere Bruder von Heinrich und Thomas Mann, in einer Konstanzer Dachkammer uns zum erstenmal gegenübersaß, begann er zu erzählen. Wie ein Charakterzeichner mit scharfem Umriß sofort das Wesen einer Physiognomie festlegt, so traf er mit einem Satz erschließend das Charakteristische jedes Menschenbildes, das sich ihm in die Erinnerung hob. Die Mutter, die Schwestern, die Brüder, die Frauen in ihrem Leben, die Freunde. [...] Wir sprachen es schließlich aus: ›Sie müssen das alles aufschreiben, Sie müssen Ihr Leben erzählen!‹ Er zog, die Augen zu vollem Blick öffnend, die Brauen hoch und erklärte, frei von jedem Versuch, weiter in sich dringen zu lassen, das habe er freilich auch schon überlegt, zu sagen habe er genug, was für viele wertvoll sein könne, und kurz, wenn ein Verlag es mit ihm versuchen wolle, sei er bereit.«[179]

Seine isolierte Situation im Nationalsozialismus hatte Viktor Mann schon seit Längerem zu allerlei genealogischen Studien und Erinnerungen verleitet, und so galt eines seiner ersten Schreiben nach der Rückkehr nach München den »lieben und verehrten Protektoren, Gastgebern und künftigen Verlegern« aus Konstanz: Er denke über seinen Auftrag positiv und wolle zunächst einmal Bruchstücke schreiben, wie sie ihm in die Feder kämen. Die Kapitel trafen denn auch rasch hintereinander im Südverlag ein, sodass sich Weyl und Reindl in ihrem Wagnis bestätigt sahen.

Viktor Mann dachte bei seinem Buch an ein breites, bis zu den Vorfahren zurückgehendes Familienbild – begonnen bei der brasilianischen Heimat der Mutter, ihrer Übersiedlung nach Lübeck, den Schweizer Wurzeln der väterlichen Linie über die beiden Schwestern und die Brüder bis hin zu seiner eigenen Biografie. Unter dem Eindruck dieser Stoffmenge schmolzen seine Bedenken bald dahin, ob der Strom der Erinnerungen auch stark genug wäre. Dabei war sich Mann von Anfang an darüber klar, dass die Leser vor allem an den beiden berühmten Brüdern interessiert waren. Doch

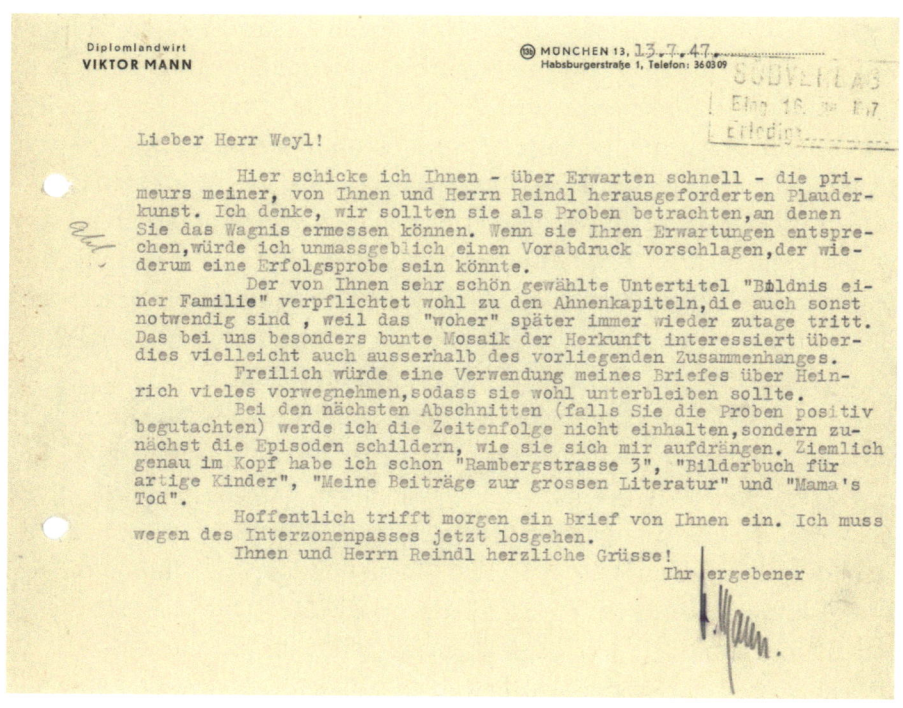

Brief Viktor Manns vom 13. Juli 1947 an Johannes Weyl: »Hier schicke ich Ihnen [...]
die primeurs meiner von Ihnen und Herrn Reindl herausgeforderten Plauderkunst. [...]«.

nahm sich deren Leben von seinem eigenen so verschieden aus, dass er
glaubte, als ihr »Eckermann« unweigerlich den »Vorwurf der Unzuläng-
lichkeit« auf sich zu ziehen. Vielmehr sollte alles in ein gutes Verhältnis
gesetzt werden und auch von ihm, Viktor Mann, die Rede sein dürfen. Nach
zwei Jahren Arbeit am Buch belief sich der Umfang schließlich auf 600
Manuskriptseiten. »Ganz nett für einen Anfänger«, kommentierte er seine
Leistung, »wenn man die Masse für Qualität nimmt.«[180]

Als Viktor Mann absichtlich spät mit seinem Buchplan herausrückte,
zeigten sich seine Brüder Thomas und Heinrich überrascht. Heinrichs er-
munternder Zuspruch, dem die Familiengeschichte »aufrichtig gefiel«, kam
aus dem Herzen; das Urteil Thomas' hingegen war verdruckst und unterlag
beträchtlichen Schwankungen. Auch über die nach und nach zugesandten
Kapitel urteilte er uneinheitlich, mitunter herablassend und gelegentlich
gönnerhaft.

»Lieber Viko! Deine Memoiren waren freilich eine Überraschung und
wir haben uns auf die Schenkel geschlagen vor Erstaunen über die Tücke,

SÜDVERLAG   HAUSMITTEILUNG   an Herrn J. W e y l

von M a n n

am 19. 3. 1949.

Lieber Herr Weyl!

Das war wirklich ein netter Abend und ich glaube, dass ich Ihnen beim Abschied nicht genug gedankt habe,was ich hier nachholen möchte. Wie gut, dass Sie schnell ein Taxi bekommen haben, der Weg wäre doch ziemlich abscheulich gewesen und wir hatten grosses Mitleid mit den nächtlichen Wanderern.

Hier sende ich Ihnen die "Werkslisten",nachdem die Brüder eigenhändig meine Konzepte korrigiert haben. Ferner alle bisherigen Aussprüche über mein Buch in Briefen aus Californien. Ob sich freilich Alles zum Gebrauch eignet,bezweifle ich. Vielleicht machen Sie mir zunächst Vorschläge.

Einen Punkt hatte ich doch vergessen bei unserem Zusammensein: Dr. Manggold erzählte neulich, es seien im Verlag nun doch Zweifel wegen des Namens oder Titels des Buches aufgestiegen und zwar mit der Begründung, die ich selbst Ihnen gegenüber mehr als einmal zu verdeutlichen suchte. Nun würde ich es ja nach der schon ziemlich weit bekannten bisherigen Benennung bedauern,wenn plötzlich doch noch eine andere, unbekannte auftauchen müsste, meine Bedenken bleiben aber die alten und ich habe wieder gegrübelt. Das Ergebnis ist recht unzulänglich. Immerhin führe ich an:

ZUG DER JAHRE	MENSCH AUF ERDEN	RÜCKBLICK
ZUG DER ZEITEN	MENSCHEN AUF ERDEN	WENN ICH ZURÜCKSCHAUE
DIE ZEIT VERGEHT	LEBENSFAHRT	WEITE RÜCKSCHAU
DIE ZEIT VERRAUSCHT	LEBENSWEGE	DENK ICH ZURÜCK
ZEITEN VERRAUSCHEN	SO WAR ES	LEBEN WIRD ERINNERUNG
WEGE DURCH DIE ZEIT	SO WARS MIT UNS	ERINNERUNGEN HAT JEDER
WEG DURCH DIE ZEIT		JEDER HAT VIEL ERLEBT

VATER, MUTTER, SCHWESTERN, BRÜDER
MEIN UND DER MEINEN WEG
DIE FAMILIE UND ICH
VON DEN MEINEN UND MIR

Das "Bildnis einer Familie" könnte ja immer noch als Untertitel bleiben,wie schon Tommy einmal meinte,als er ICH ERINNERE MICH vorschlug. Ich halte es aber überhaupt für redlich spät, noch zu ändern. Also, was meinen Sie und Ihr Stab?

An Hömberg und seinen Verleger habe ich geschrieben, man möchte Ihnen die "Säulen der Narrheit" zusenden.

Es freut mich aufrichtig,Sie so wohl gesehen zu haben und ich grüsse Sie herzlich.

Ihr

[Unterschrift: Viktor Mann.]

~ Brief Viktor Manns vom 19. März 1949 an Johannes Weyl mit den Titelvarianten zu *Wir waren fünf*: »Das war wirklich ein netter Abend [...]«.

〜 *Wir waren fünf* von Viktor Mann: Cover der Erstausgabe (1949) und
der erweiterten Neuausgabe (2017), Südverlag, Konstanz.

mit der Du uns dies Betreiben bisher ganz verschwiegen hast«, lautete sein
Brief vom 6. Februar 1948. »Aber uns allen, einschließlich des alten Heinrich, der sich entschieden beifällig darüber äußerte, hat das Bisherige ausgezeichnet gefallen, und wir sind ganz beruhigt darüber, daß es ebenso
angenehm und erfreulich weitergehen wird.«[181]

Er könne sich die Entstehungsgeschichte des Unternehmens gut vorstellen, und die Art, wie Viktor es in Angriff genommen habe, sei eine vol-
le Rechtfertigung derer, die ihm dazu geraten hätten. Man könne das »nicht
unprätentiöser, heiterer und sympathischer machen«, und familienge-
schichtlich gut fundiert sei die Darstellung auch. Mann lobte insbesondere
die Abschnitte über die Mutter; nun sei er neugierig, wie es weitergehe,
denn das Buch müsse ja nun mehr und mehr auf Polling, Weihenstephan
und Viktors Soldatenzeit einschwenken. Daß es für viele ein lesenswertes
Erinnerungsbuch werde, dessen zeigte sich der Bruder gewiss.

Viktor Mann, dem am Urteil der Brüder alles lag, konnte erleichtert
sein. Doch die Tagebucheinträge Thomas' lauteten anders. Hatte er ange-

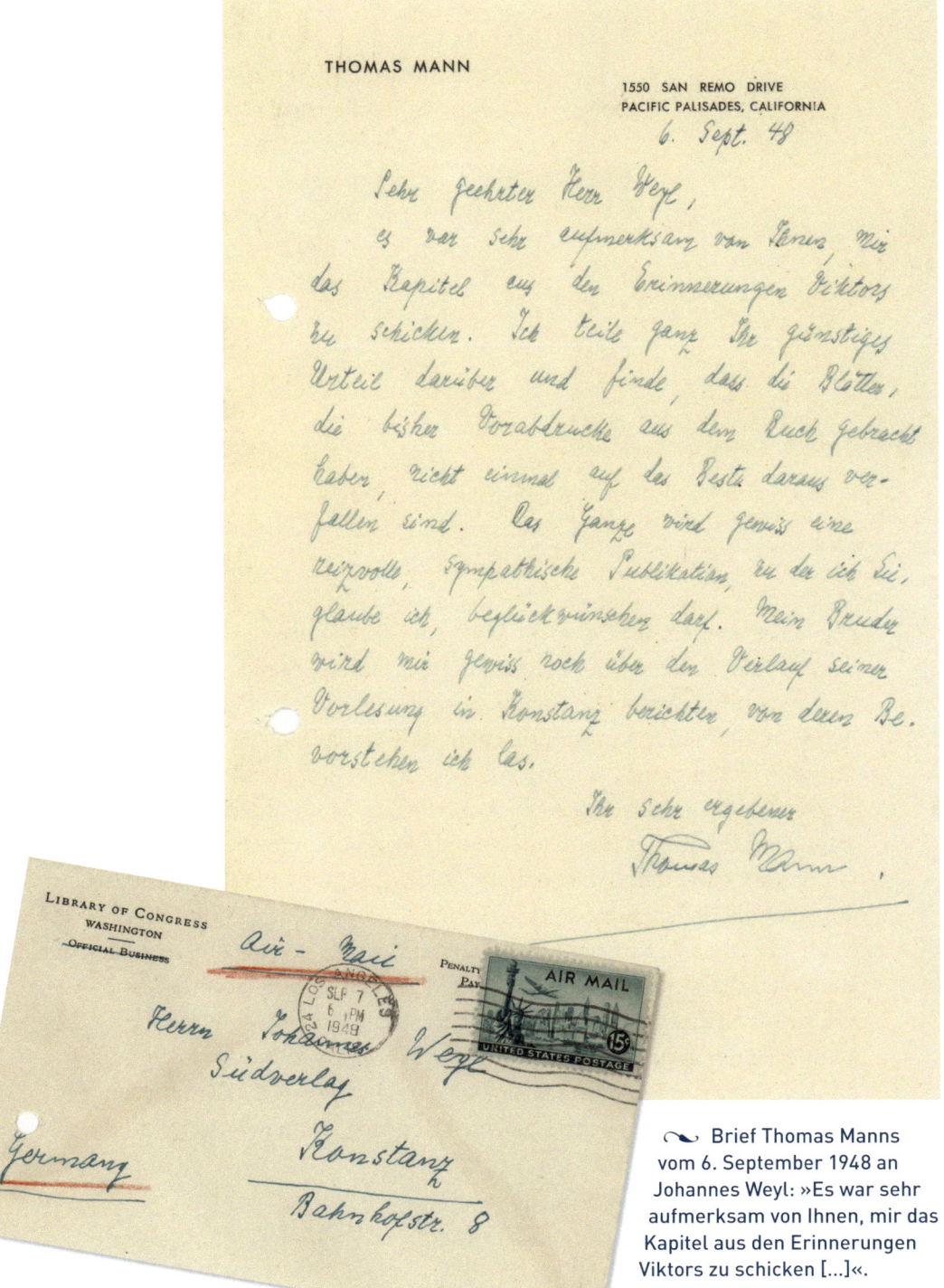

Brief Thomas Manns vom 6. September 1948 an Johannes Weyl: »Es war sehr aufmerksam von Ihnen, mir das Kapitel aus den Erinnerungen Viktors zu schicken […]«.

Plakat des Deutschen Theaters in Konstanz zur Lesung Viktor Manns aus *Wir waren fünf* am 4. Oktober 1948.

sichts erster Proben gegenüber einem Bekannten noch gemeint, sein Bruder gebe »da etwas sehr Frisches, literarisch überraschend Sicheres, Taktvolles und menschlich Gewinnendes, das am Ende noch [...] seinen Weg in die Welt« machen werde, vertraute er der Intimität des Tagebuchs eher zwiespältige Urteile an: »[b]edenklich aufgemacht«, notierte er bei Erscheinen des Buches, »[i]mmer treuherzig, lieb und gut und peinlich, erzählerisch, wenn es sein eigen Leben gilt, oft ausgezeichnet«[182], und an anderer Stelle heißt es: »Viel heiteres Hin und Her über Vikkos Buch, das in seiner Lügenhaftigkeit, gutmütigen Beschönigung, Selbst- und Familienverherrlichung und dabei Talentiertheit ein ganz kurioser Fall.«[183]

Machten sich die Einwände Thomas Manns gegenüber seinem Bruder mehr am Buch fest, so die seines Neffen Golo an dessen Person. Sagte Golo schon dem Buch »allerlei Verschönerungen und frohe Erfindungen« nach, nannte er seinen Autor – Belege schuldig bleibend – einen jener Konjunkturritter und Mitläufer, die sich eben noch republikanisch gaben, um sogleich, die alten verachtend, »zu den neuen Herren überzugehen«. In seinen Augen war Viktor Mann »sehr anders geartet, ganz ein Biedermann, und ›reiner Arier‹ obendrein.«[184]

Bereits im Dezember 1947 hatte Viktor Mann den ersten Vorabdruck aus seinem entstehenden Buch in Händen gehalten. Im Oktober 1948 trug er im Stadttheater Konstanz aus dem Manuskript vor. Das fertige Buch in Händen zu halten, war ihm freilich nicht gegönnt. Völlig überraschend war Viktor Mann Ende April 1949 gestorben. »Kabel von Nelly Mann, daß Vikko unerwartet gestorben«, notierte Thomas Mann. »Schock und viel Nachdenken über die Fügung des Vorangehens dieses Nachkömmlings, der noch nicht 60 war.«[185] Dem 78-jährigen Heinrich Mann brachte Viktors Tod »schmerzliche Wochen«[186].

Der Schwägerin schrieb Thomas Mann:

»Ein Jammer [...], daß unser Viko im Augenblick seiner besten Hoffnung, einem neuen Aufblühen seines Lebens entgegensehend, dahingehen mußte, – er, der Jüngste von uns Brüdern, – welche unvorhersehbare, schwer

108

annehmbare Fügung! [...] Wer weiß, ob es nicht ein Vorgefühl seines nahenden Endes war, das Viko trieb, dies Erinnerungsbuch zu schreiben, worin er sein liebenswürdiges Wesen befestigt hat, und in dem er fortleben wird.«[187]

Im Sommer 1949 hatte Ludwig E. Reindl Gelegenheit, mit Thomas Mann in Basel für den *Südkurier* ein Gespräch zu führen; dabei erkundigte sich Mann nach dem kurz vor dem Erscheinen stehenden Buch des jüngsten Bruders. Als Reindl ihm die noch losen Bogen des Bandes vorwies, meinte Thomas Mann: »Daran werden Sie und Ihr Verlag viel Freude haben. [...] Es ist ein ungewöhnlicher Vorgang, daß ein schriftstellerisch so begabter Mensch bis hoch in sein sechstes Jahrzehnt hinein wartet, um dann sein erstes und auch schon gleich letztes Buch zu schreiben. [...] Er hat es eben in sich gehabt.«[188]

❧ Brief Thomas Manns vom 8. Mai 1949 an Johannes Weyl: »Haben Sie vielen Dank für die Uebersendung des Manuskripts Ihrer Ansprache am Grabe meines Bruders Viktor [...]«.

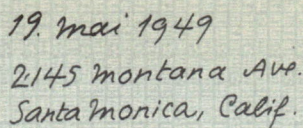

19. Mai 1949
2145 Montana Ave.
Santa Monica, Calif.

Hochgeehrter Herr Reindl,

sobald aus Leipzig der Abzug des Satzes bei mir eintrifft, mache ich die nötigen Änderungen und schicke sie Ihnen.

Sollte ich Sie warten lassen, weil ich selbst habe warten müssen, dann ist gewiss vorzuziehen, Sie besorgen diese Korrekturen selbst. Es handelt sich um wenige, berichtigte Einzelheiten.

Ihre Rede am Grab hat mir wohl getan. Unser lieber Viko verdiente was Sie ihm sagten. Umso mehr hätte er verdient, das Erscheinen seines Buches zu erleben und nach einem oft wohl enttäuschenden Leben glücklich zu sein, wie die Jugend. Seine letzte Zeit war seine zweite Jugend, aber kurz, wie eine letzte Zeit.

Mit bestem Gruss, Ihnen ergeben
Heinrich Mann

Brief Heinrich Manns vom 19. Mai 1949 an Ludwig E. Reindl: »Sobald aus Leipzig der Abzug des Satzes bei mir eintrifft […]«.

»... *bis an mein siebzigstes Jahr*
        hat der Bodensee eine Rolle
gespielt.«

Der späte Golo Mann, ein historischer Erzähler

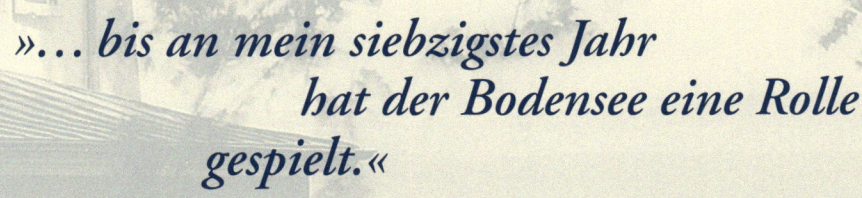

~~~

NACH DEN FRANZÖSISCHEN EXILSTATIONEN Saint-Cloud bei Paris (Ende 1933–1935), Rennes (1935–1936), Prag (1936–1937), Zürich (1939) und USA (1940–1946) – dazwischen lagen Monate einer aufreibenden Flucht über Frankreich, Spanien und Portugal nach den USA mit zeitweiser Internierung – setzte Golo Mann seinen Fuß im Jahr 1945 erstmals wieder auf deutschen Boden. Er hatte in Frankreich als Lektor gearbeitet, in der Tschechoslowakei vergebens ein Professorat angestrebt, publizistisch gearbeitet und war – im Ansehen des Vaters inzwischen gestiegen – in die Funktion seines politischen Beraters, Gesprächspartners und Mitarbeiters hineingewachsen. Golo Manns Buch über den politischen Publizisten Friedrich von Gentz, ein »intellektuelles Selbstporträt«, mit dem er die »letzten Reste idealistisch-sozialrevolutionärer Vorstellungen«[189] abwarf, hatte ihm das Renommee eines ernsthaften Schriftstellers eingetragen.

Nun, mit den amerikanischen Truppen nach Deutschland zurückgekehrt, arbeitete Mann, der Ende 1943 die amerikanische Staatsbürgerschaft angenommen hatte, seit Herbst 1945 beim Aufbau von *Radio Frankfurt* mit. Den Bodensee sah er 1949 zum ersten Mal wieder. Zunächst beschied er sich freilich mit dessen schweizerischem Ufer.

Zur Schweiz insgesamt, diesem »wunderbaren, soliden Anachronismus«[190], hatte Golo Mann ein gespaltenes Verhältnis. Die Schweiz, das war für das Kind und den Jugendlichen, wie er sich in seinem Vortrag *Zürich als Literaturexil* erinnerte, der Professor Faesi, der den Kindern nach dem Ersten Weltkrieg aus Zürich Schokolade zukommen ließ, die Grasshoppers, die einmal zu einem Hockey-Wettspiel nach Salem kamen, sowie Kellers *Der grüne Heinrich*. Dann wurde die Schweiz »plötzlich zu einem Zentrum unserer Existenz, einem Zentrum des Reisens und Durchreisens [...]. Eine Fahrt über den Bodensee, und aus dem lärmenden Irrenhaus, das Deutschland damals war, Mischung aus Gaudium und Brutalität, Not und Kummer und Qual für die einen, schrille Freude für die anderen, die raschestens die große Mehrheit wurden.«[191]

Allmählich lernte Mann die Missverständnisse abzustreifen:

~ Der *Gasthof Krone* in Altnau, historische Ansichtskarte, o. J.

»Die Schweiz, begann ich zu begreifen, war keine Verschwörung zur Verwirklichung irgendwelcher Idealismen. Sie war ein in seinen Grenzen überaus handfestes, in sich beruhendes, instinktsicheres, tief erfahrenes und daher egoistisches Stück Wirklichkeit.«[192]

Noch später war Mann »in die Schweiz über beide Ohren verliebt; aber die Leute wollten sich von mir nicht lieben lassen«[193]. Einzelne Orte schätzte Golo Mann sehr – etwa Arenenberg, Ermatingen oder Altnau, das er »mein Friedens-Asyl«[194] nannte.

»Im Sommer 1949 sah ich ihn zum ersten Mal wieder«, schrieb Golo Mann in einem Essay über seine Beziehung zum Bodensee, »und der Ort der Begegnung gewann an Bedeutung für mich: der Gasthof ›Zur Krone‹ in Altnau, etwa drittelwegs zwischen Kreuzlingen und Romanshorn. Das stattliche Dorf, mit einer reformierten und einer katholischen Kirche, liegt nahe am Wald, hoch über der Bundesstraße. Unterhalb fährt die Bahn Romanshorn–Schaffhausen, direkt am See steht die ›Krone‹, ein Gebäude aus dem Jahre 1847, Gelehrte würden es wohl ›spätklassizistisch‹ nennen [...]. Die

›Krone‹ gehörte dem gewaltigen Schweizer Möbelfabrikanten und -händler Fred Pfister. Im Parterre gab es eine Wirtschaft, im ersten Stock hatte die Familie des Besitzers sich eine Wohnung eingerichtet, im zweiten standen ein paar kleine, durch einen Vorplatz verbundene Zimmer nahen Freunden der Pfisters zur Verfügung, dem Buchhändler Emil Oprecht (Europa Verlag) und seiner Frau, Emmi. Dank meiner Freundin Emmi wurden sie zu meinem Asyl, meinem Arbeits- und Ruhesitz, solange ich zwischen Amerika und Europa hin- und herpendelte und während der fünf Jahre, in denen ich in Münster und in Stuttgart Professor war, und danach auch; später in einer geräumigeren Wohnung im ersten Stock. Im Grunde habe ich die beiden einsamen Zimmerchen hoch oben, erwärmt von einem eisernen Holz- und Kohleofen, in noch gemütlicherer Erinnerung.«[195]

Die Oprechts waren ein Buchhändler- und Verleger-Ehepaar, das nicht nur Unterstützer vieler emigrierter Schriftsteller und Schauspieler, sondern auch mit Thomas Mann gut befreundet war. In ihrem antifaschistischen Europa-Verlag waren 1937 Thomas Manns *Ein Briefwechsel* und die von Golo Mann seit 1939 redigierte Zeitschrift *Maß und Wert* erschienen.

In der Altnauer *Krone* entstanden einige der wichtigsten Bücher Golo Manns, der mit seiner beruflichen Zukunft lange gerungen hatte. Mit seinen Anstellungen an amerikanischen Colleges mehr und mehr unzufrieden, wollte er sich auf die USA nicht dauerhaft einlassen und bemühte sich lange erfolglos um eine Professur in Deutschland. Als er 1959, nach kurzer Gastprofessur in Münster, einen Ruf an die TH Stuttgart annahm, tat Golo Mann dies auch wegen der Nähe zum Bodensee: »Man ist von da in knapp 3 Stunden am Bodensee, wo ich auf der Schweizer Seite immer noch eine kleine Wohnung habe ...«[196]

Bis es zu dieser (im Übrigen nicht sehr geliebten) Professur kam, hatte sich Golo Mann zunehmend auf publizistische und schriftstellerische Arbeit verlegt. Im Herbst 1953 »ging ich einen Monat an den Bodensee, dessen Schweizer Seite, um dort ernsthaft mein ›Amerikabuch‹ [*Vom Geist Amerikas*, M.B.] zu beginnen, und obgleich es November war und der See sich als Meer des Todes, als Acheron und Styx präsentierte und ich allein war wie ein Hund, den man in der Wüste ausgesetzt hat, ging es doch leidlich.«[197]

Im selben Jahr erreichte Golo Mann ein Angebot der Büchergilde Gutenberg, ein dreibändiges Geschichtswerk von Ricarda Huch fortzuführen, die er während seiner Berliner Studienzeit noch persönlich kennengelernt hatte. Daraus wurde nach seiner Rückkehr nach Europa im Jahre 1956 in eineinhalbjähriger Arbeit die *Deutsche Geschichte des 19. und 20. Jahrhunderts* im Umfang von über eintausend Seiten. Auch diese Arbeit – »eine gegenständlich und künstlerisch furchtbar schwere Aufgabe«[198] – entstand in Altnau.

Beim selbst gesteckten Ziel von täglich fünf Seiten machte Mann die Erfahrung, dass das »regelmäßige Weben an einem langen Stück [...] der Seele nicht übel«[199] bekommt. Das Buch wurde ein »großer Wurf. Leichthändig komponiert und geschrieben, elegant im Stil, zupackend, voller brillanter Porträts.«[200]

Bei aller Arbeit vergaß Golo Mann, seit Salem immer auch ein großer Wanderer, die Landschaft nicht. Neben dem See lockte ihn auch stets das Umland. Schon 1951 hatte er den soeben von Ravensburg nach Wilflingen verzogenen Ernst Jünger aufgesucht, über dessen Buch *Der Arbeiter* er bereits 1934 in der Exilzeitschrift *Die Sammlung* seines Bruders Klaus einen Aufsatz publiziert hatte. »Den ›Arbeiter‹ zurückzunehmen, ist er zu hochmütig, er bringt es nicht fertig«, konstatierte Mann, ließ jedoch mit Blick auf seinen eigenen Vater Milde walten: »Soll man ihn tadeln, wenn ein Größerer, nämlich Thomas Mann,

⌒ Am Schweizer Ufer, historische Ansichtskarte, o. J.

es auch nie fertig brachte, seine ›Betrachtungen‹ zurückzunehmen? So ist das Schriftsteller-Gesindel nun einmal. Kurzum, ich mag ihn gern, und er tut mir leid, obwohl ich weiss, dass er einmal ein großer Verbrecher war, auch jetzt von dem Hochmutsteufel nicht ganz lassen kann«, schrieb Mann am 9. Dezember 1951 an Joseph Breitbach.[201]

Und im Sommer 1954 ließ er Erich von Kahler in den USA wissen, er »sitze hier wieder allein wie ein ausgesetzter Spatz auf der Schweizer Seite des Sees, fahre auf dem Rad spazieren – das ist hübsch, so durch die Heuernte hindurch, auf den waldigen Höhen, mit Blick auf Deutschland –, schreibe kleine Essays und bereite diese ›Deutsche Geschichte‹ vor, an die ich mich im Ernst nun mache.«[202]

Dank des Erfolgs der *Deutschen Geschichte* konnte sich Golo Mann einen VW-Käfer leisten, den er während seiner Arbeit am Buch noch kaum vermisst hatte:

»Für werktags gab es den Gang am See, aufwärts, Güttingen, Kesswil, Utt-wil, von dessen Landungssteg aus der See sehr imposant wirkt, obendrein stehen zu beiden Seiten schloßartige Häuser, bestens gepflegt [...]. Und immer, zur Rechten oder zur Linken, der so sehr wandelbare See, der be-wegte oder unbewegte, der helle, so daß man die Schloßkirche von Fried-richshafen erkennt, der im Dunst oder Nebel sich zum Meer erweiternde, der segelbelebte oder ungestörte, der im Föhnlicht funkelnde und vereng-te, der im Ostwind freudig leuchtende, der Morgen-See, der Abend-See, die Sonne hinter dem Münster von Konstanz, langsam verschwindend. Schal-tete ich einen Feiertag ein, so fuhr ich mit der Bahn nach Rorschach, mit etwas zu essen, zu trinken und zu lesen in der Tasche, und ging von dort schnurstracks in die Höhe. Liegt Nebel über dem See, so wird man gespannt sein, ob es oben hell ist oder hell wird, während man dort promeniert, je-desmal ein Erlebnis, das an Bühnenzauber erinnert. Ist's aber ein klarer Tag, so sieht man den See von Lindau bis Konstanz zusamt dem deutschen Hinterland und allen Landzungen und Städten und Dörfern. Nur den

∾ Schloss Arenenberg mit Kapelle, Salenstein (Kanton Thurgau), o. J.

Untersee nicht, dafür müßte man noch bedeutend höher, am Ende gar bis hinauf zum Säntis. Waren die Tage lang, im Sommer oder Frühherbst, so ging ich weiter ins Appenzeller Land, etwa zu einer Erhebung namens Gupf und von dort nach Heiden, um das Züglein nach Rorschach zu gewinnen. Ein gewonnener Tag. Oder wiederum seeabwärts nach Mannenbach. Dann zu Fuß über Schloß Arenenberg oder Schloß Salenstein in die aufsteigenden Wälder, man glaubt nicht, wie groß und menschenleer sie sind, auch in der Hochsaison; dafür sorgt der Magnet des Sees.«[203]

»Welches Ufer ist reizvoller, das deutsche oder das österreichisch-schweizerische? Viel Sinn hat die Frage nicht, aber sei es drum«, resümierte Mann in seinem Bodensee-Essay die Erfahrungen mit dieser Landschaft: »Das deutsche hat den Vorzug, daß man von dort

Golo Mann noch im Exil, 1943.

den Blick auf das Gebirge hat, auf der Südseite nicht. Auch bietet es zwischen Überlingen, über Birnau, Meersburg, Hagnau, Kirchberg, Langenargen, Wasserburg wohl reizendere Siedlungen als die Südseite. Für den Untersee würde ich der Schweiz die Krone geben, wenn ich wählen müßte. Aber wie gesagt, viel Sinn hat die Frage nicht. Denn wie reich er auch gegliedert ist, wie viele Geheimnisse er birgt, es gibt nur einen Bodensee, und zu ihm gehören alle die Landschaften, die sich ihm zuneigen.«

Und dann erlaubt sich der Historiker, verführt von seiner langen Beschäftigung mit dem Arenenberg, noch eine kleine Volte in die Fantasie: »Was für ein schönes, beinahe alles Begehrenswerte bietendes kleines Königreich wäre das geworden!«[204]

Noch in einem weiteren Essay schwärmte Mann: »Schön ist der Blick durch die Spiegelfenster des Schlosses Arenenberg, am schönsten im Herbst: der weitgegliederte See mit seiner Insel, die Waldberge des deutschen Ufers, die Hegau-Kegel; Dörfer und Klostertürme; Fruchtbäume und Wein. Uralte, mit der Landschaft vermählte Zivilisation; nordisches Italien. Wenn schon Exil, habe ich mir, auf der Terrasse zwischen Schloß und Kapelle stehend, oft gedacht, dann würde ich mir Arenenberg als Exil wünschen.«[205]

Das Jahr seiner eigentlichen Rückkehr nach Europa war 1953 gewesen, wenn auch noch nicht nach Deutschland, auf das sich Golo Mann eher tastend einließ. In die USA kehrte er nur noch zweimal zu College-Jahren zurück. In Zürich hatte Mann ein Apartment bezogen; meist jedoch wohnte er in Altnau.

Die geliebte Gegend reizte ihn, auch Salem wieder zu besuchen – das erste Mal im Juli 1955. »Vor ein paar Wochen«, schrieb er am 12. August 1955 an Leonore Gräfin Lichnowsky, »fuhr ich mit meines Michaels Familie nach Salem und – das wird den Deinen interessieren – traf den alten Hahn, der mich höchst freundlich empfing und auf seinem Hermannsberg zu nächtigen nötigte.« Hahn sei »entschieden netter geworden, ärmer, bescheidener, ehrlicher. Das Fehlen fast der gesamten oberen Zähne gibt ihm ein etwas klägliches Aussehen. Ist furchtbar menschengierig, hat im Grunde wenig zu tun, muss aber doch beständig auf das intensivste zu tun haben und von Sekretärinnen umgeben sein, ohne sich jemals fragen zu dürfen, was könnte ich wohl jetzt machen. Erinnerte sich an alles, auch, sehr lebendig, an Deinen Michael, obwohl das doch für ihn nicht so sein kann wie für uns, da er so viele kurzlebige Generationen vorüberziehen sah. So steht es mit diesem; ich versprach, fortan näheren Kontakt zu halten.«[206]

Elf Jahre später hielt Mann die Festrede auf den Achtzigjährigen.

Aber auch Mitschülern von damals galten Golo Manns Salem-Besuche. 1962 verabredete er sich mit Julio del Val Caturla, von dem er einst seinem Vater ein heimlich aufgenommenes Foto hatte schicken müssen.

»Das Treffen mit Fritz und Norbert im Schwan, auf das Du anspielst, war wirklich lustig, weil es der barste Zufall war, wir uns auch eine zeitlang nicht erkannten, sondern nur irgendwie neugierig fixierten«, schrieb Golo am 29. Dezember 1962 an Julio. Und weiter: »Das Merkwürdige ist, dass die Beiden irgendwie einen salemischen Eindruck auf mich machten, ich dachte, es müssten etwa gehobene Lehrer aus der Schule sein. Dass man sich im Grunde nicht verändert und den andern immer erkennbar bleiben muss, glaubt wohl nur man selber. Vor ein paar Tagen rief auch der alte Hahn hier an und tat sehr bitter, weil ich ihn seit Jahren geschnitten hätte. Ich sagte, wir schnitten niemanden oder schnitten unsere besten Freunde, das Leben, das wir führen, dumm wie es ist, brächte das so mit sich, und versprach ihm, ihn Ende Januar zu besuchen.«[207]

1968 sah Mann Julio del Val Caturla erneut. Ihm schrieb er:

»Unserem alten Kurt Hahn ging es eine zeitlang miserabel, wie Du vielleicht gehört hast [...]. Nun scheint es sich aber wieder gebessert zu haben,

◠◡ Golo Mann, 1970.

dergestalt, dass ich den alten Herrn eines dieser Tage wohl auf dem Hermannsberg besuchen werde.«

Sorgen bereitete Golo Mann damals die politische Stimmung, die selbst das abgelegene Salem erreichte, denn er notiert zudem:

»Im Januar habe ich den Plan, einmal etwa drei Tage in Salem zu verbringen, um mich etwas zu orientieren, vielleicht ein klein wenig zu vermitteln. Einerseits zwischen den diversen Leitern, andererseits zwischen Leitung und Schülerschaft. Im allgemeinen habe ich mit den Menschen wenig Hoffnung, sind zwei solche Leiter da, so *können* sie sich nicht vertragen. Dazu kommt der Jugend- und Kinderkreuzzugswahnsinn, der durch ganz Europa geht und natürlich an den Pforten dieser Schule nicht Halt macht.«[208]

Damals geriet das idyllische Altnau zunehmend in den Strudel des Sommertourismus, und selbst an Winterabenden brachte der Betrieb Golo Mann um alles Behagen. 1971 notierte er, seit 1962 Besitzer eines Hauses in Berzona, ins Tagebuch: »Altnau, da ist nichts mehr. Scheussliche Verunstaltung und Lärm durch die Revolutionierung des Hafens. In der Wirtschaft Fasching, der vier Wochen dauert.«[209]

Die *Krone* hatte jedoch noch den Beginn der Arbeit am *Wallenstein* gesehen, der Mann als Thema seit Schülertagen umtrieb. Nach der *Deutschen Geschichte* und den von ihm herausgegebenen zwölf Bänden der *Propyläen Weltgeschichte* (1960–1965) befestigte er mit diesem Buch endgültig seinen Ruf als einer der ersten historischen Schriftsteller Deutschlands – denn als Historiker war Golo Mann vor allem Erzähler. Das trug ihm seitens der Zunft, namentlich einer jüngeren Forschergeneration, die Geschichte vor allem als Struktur- und Sozialgeschichte betrieb, auch Vorbehalte, ja Anfeindungen ein. Sein *Wallenstein* habe »vielen Leuten gefallen, alten und sehr jungen, einfachen und sehr komplizierten. Aber die Zunft?«[210], brachte er Johannes Kunisch gegenüber die Einwände gegen sich selber auf den Punkt und meinte resignierend: »Ein wenig Kultur im Erzählen, und man ist schon eine Seltenheit.«[211] Und gegenüber Ulrich Greiner meinte Mann, der einmal vorgab, »sein ganzes Leben lang den Wissenschaftler nur gespielt«[212] zu haben, im August 1966: »Im Grunde bin ich ein verhinderter Erzähler [...]. Ich will nicht sagen, es ist die Tragödie, aber es ist das Geheimnis meines Lebens.«[213] An anderer Stelle wähnte er gar die »Historie als Ersatz dafür«, dass er für frei erfundenes Erzählen unbegabt sei.[214] Ob begabt oder nicht: Die Rolle des belletristischen Schriftstellers war nun einmal durch den Vater und Bruder Klaus besetzt. Blieb ihm damit anderes als »ein Philosoph [...] oder besser ein Historiker« zu werden, fragte Gustav Seibt in seinem Nachruf, »ein Neuschöpfer des Wirklichen, ein ernster Halbkünstler, ein politischer Gelehrter, der sich im Geheimen einen anderen Zusammenhang an Stelle des familiären konstruierte und zugleich verdeckt doch mit dem Vater wetteiferte?«[215]

Seibts Frage ist so unberechtigt nicht. Golo Mann ließ sich, je länger je mehr, auf mancherlei Dinge ein, die ihn – neben zahllosen Reisen und Vorträgen, die den Charakter von Fluchten annehmen konnten – in die Rolle des Präzeptors drängten, der er durch seinen zuweilen überstarken Ehrgeiz gerecht zu werden suchte. Einst Befürworter von Willy Brandts Ostpolitik, war Mann später erstaunlicher politischer Wendungen und fragwürdiger Haltungen fähig, sodass er sich sogar von seinem Verleger Ernst Klett raten lassen musste, seinen »Kredit (...), der sich sehen lassen kann«[216], doch nicht leichtfertig zu verschleudern.

Die Vielzahl seiner Vorträge führte Golo Mann auch immer wieder an den Bodensee und nach Oberschwaben. 1963 war er – am 6. Mai und am

〜 Verleihung des Bodensee-Literaturpreises der Stadt Überlingen durch
Bürgermeister Reinhard Ebersbach an Golo Mann, 24. Mai 1987.

15. November – zwei Einladungen zu Vorträgen nach Biberach gefolgt, wo
er im Rahmen der Reihe *Wege und Gestalten* auf einem »Zauberberg«-Sym-
posion sprach. Am 27. Februar 1972 führte ihn ein Vortrag vor der Wissen-
schaftlichen Vortragsgemeinschaft über »Geschichte in unserer Zeit« nach
Konstanz, und 1985 konnte er den Friedrich-Schiedel-Literaturpreis der
Stadt Bad Wurzach für seine *Deutsche Geschichte des 19. und 20. Jahrhunderts* entgegennehmen. Die Laudatio hielt der Freund und Mitherausgeber
der *Neuen Rundschau*, Harry Pross.

Gemäßer als der Friedrich-Schiedel-Literaturpreis war Golo Mann freilich ein anderer Preis, der ihm 1987 zuerkannt wurde. Für kein anderes
Familienmitglied hatte der Bodensee eine solche Bedeutung wie für Golo

Mann, der einmal bekannt hat: »Von meiner Salemer Kindheit bis an mein siebzigstes Jahr hat der Bodensee in meinem Leben eine Rolle gespielt.«[217]

So gab es beste Gründe, ihm anlässlich des Erscheinens seiner über weite Strecken Salem und Kurt Hahn geltenden *Erinnerungen und Gedanken* 1987 den Bodensee-Literaturpreis der Stadt Überlingen zuzuerkennen. Die Preisurkunde hob denn auch die lebenslange Bedeutung dieser Landschaft für den Geehrten und sein Werk hervor:

»Golo Mann hat sich in seinem Schaffen wiederholt dem Bodenseegebiet gewidmet, insbesondere: dem Schloss Arenenberg, der Zuflucht des Hauses Bonaparte, in einem Essay des Jahres 1963; dem Internat Salem und dessen Gründern, dem Pädagogen Kurt Hahn und dem Stifter Prinz Max von Baden, und zwar: in einem Essay über Hahn, vom Jahre 1965; in einer Einleitung zu autobiographischen Schriften des Prinzen Max von Baden, vom Jahre 1968; in dem Kapitel ›Salem‹ des Memoirenwerks ›Erinnerungen und Gedanken. Eine Jugend in Deutschland‹, vom Jahre 1986.«

Und mit Blick auf die Biografie des Geehrten wurden seine wichtigsten Stationen am See notiert – nämlich »als Schüler des Internats Salem; als an seiner Dissertation arbeitender Student; als Emigrant, der vom Schweizer Ufer aus in die unzugängliche, der Tyrannei verfallene Heimat blickte; als Historiker, der in Altnau bei Münsterlingen sein Buch ›Vom Geist Amerikas‹, ferner Teile seiner ›Deutschen Geschichte des 19. und 20. Jahrhunderts‹ und seines ›Wallenstein‹ schrieb.«

Abschließend heißt es:

»Golo Manns literarische Annäherungen an den Bodensee sind Spiegelungen seines Lebens und seiner Existenz als Historiker. Sie zeigen exemplarisch, wie Schuld und Verhängnis der Geschichte in einer scheinbar abgelegenen Landschaft widerhallen. Sie sind in ihrer Einheit von Bodenseeszenerie, bedrückenden Zeitläufen und überlegen reflektierendem Beobachter das unverwechselbare Zeugnis einer durch ihr Jahrhundert gezeichneten und ausgezeichneten Persönlichkeit: ein Stück erlebter und erlittener Welt, den Älteren als Beitrag zu eigenem klärenden Rückblick, den Jüngeren als Bericht und Zuruf.«[218]

»… *und schreiben tut sie*
auch ein klein bisschen …«

Monika Manns Rückkehr

~~~~~~

~~~

WIE GOLO WAR AUCH Monika Mann »automatisch« mit ihrer Familie emigriert, ließ sich, wie sie in *Kleine Lebensbeichte* weiter schrieb, »ausbürgern, einmal zur Tschechin schlagen, ein andermal zur Amerikanerin, lebte in Frankreich, England, Italien, Österreich und der Schweiz.«[219]

In London heiratete sie den ungarischen Kunstwissenschaftler Jenö Lányi, der im September 1940 auf der Fahrt über den Atlantik ertrank, als die *City of Benares* von einem deutschen U-Boot torpediert wurde und sank. Monika Mann selbst hatte sich an Wrackteile klammern können und wurde nach über zwanzig Stunden gerettet. Sie übersiedelte mit den Eltern nach Kalifornien, um sich gegen Kriegsende in New York ein eigenes Leben aufzubauen. Zum Unmut der Familie begann sie, seit 1954 auf Capri lebend, selbst mit dem Schreiben. Als 1985 auch ihr zweiter Lebensgefährte Antonio Spadaro gestorben war, kehrte sie im Jahr darauf ins Zürcher Elternhaus zurück.

»Die Schwester, die hier mit mir leben will, heißt in der Tat Monika«, machte Golo Mann seinem Verdruss Luft, »und schreiben tut sie auch ein klein bisschen oder tat es wenigstens und durchaus nicht ganz unbegabt. Aber sie ist gemütskrank, viel schlimmer, als ich wusste, und ich kann mit ihr nicht leben [...]. Sie hat 32 Jahre auf Capri gelebt mit einem echten Capreser, der nun gestorben ist. Da sie dort äußerst billig lebte, keine Steuern zahlte und niemandem auf Erden etwas schenkte, so ist sie sehr reich und könnte sich also hier jede beliebige Wohnung suchen.«[220]

Das klingt nach Vorwurf wegen Schmarotzertums, und dass sie »ein klein bisschen« schreibe, war eine der familientypischen Reaktionen auf Monika Manns Schriftstellerei, die als unzulässige Laune abgetan wurde und die man ihr nicht zugestand. »Sich über Monikas Schriftstellerei herablassend, ja angewidert zu äußern«, schreibt Frido Mann, der ihr »die stärkste poetische Begabung unter den Geschwistern« zuerkannte, »gehörte die ganzen Jahre und Jahrzehnte hindurch zum guten Familienton.«[221]

Die Mutter sah in Monikas Schreiben eine »letzte Lebenslüge«, die man ihr freilich nicht nehmen solle – denn wenn sie sich darauf versteife, »ihre

⚬ Klaus Heuser [?], Michael, Monika, Elisabeth und Golo Mann
(v. li. n. re.), München, um 1928.

halb begabten, geschmacksunsicheren, danebengehenden Produkte unter
Beihilfe ihres Namens« zu veröffentlichen, so sei es einem andererseits
»auch wieder recht.«[222]

Das war 1948 an Klaus Mann geschrieben, der seiner Schwester noch
am nächsten stand und dessen *Turning Point* sie ins Deutsche übersetzte.
1956 erwies sich Monika Mann dann mit ihrem ersten Buch *Vergangenes
und Gegenwärtiges* – den Schutzumschlag zierte ein kleines Foto Thomas
Manns – als ernsthafte Autorin, deren Hunderte von Feuilletons, Impressionen und Kurzgeschichten bis in die Achtzigerjahre hinein meist in nam-
haften Schweizer Organen wie *Die Tat*, *St. Galler Tagblatt* oder *Du* erschienen. Soweit sie die Familie betrafen, waren sie stets mit einer gewissen
Distanz verfasst, zumal Monika Mann einen freien Umgang mit der Erinnerung für sich in Anspruch nahm.

Ihre Missliebigkeit innerhalb der Familie betraf freilich noch eine weitere Seite, die schon Viktor Mann kennengelernt hatte: Wie diesem war
auch Monika das Kommune näher als das Intellektuelle, wie dieser unterhielt sie sich »lieber mit der Köchin und dem Chauffeur«. »Bei Gesprächen
mit einfachen Menschen«, hatte sie ihre Erfahrung gelehrt, »kommen viel
elementarere Argumente vor. In unserer Familie war das immer ziemlich

Brief Monika Manns vom 25. April 1959 an Ludwig E. Reindl: »Es freut mich, daß Sie mich gedruckt haben [...]«.

kompliziert. Ich war anders und wurde deshalb als komisch angesehen. Aber in fernerem Kreise galt ich als die einzig Normale.«²²³

So war Monika Mann, die anders als Golo nicht die späte Schätzung durch den Vater erfahren durfte, froh, in dessen Werk nicht weiter vorzukommen. »In ›Unordnung und frühes Leid‹ tauchen vier von uns auf, Golo und ich nicht«, antwortete sie in einem Gespräch. »Ich bin froh darüber,

weil es sich fast immer um Karikaturen, tückische Passagen handelt. Wahr-
scheinlich werde ich in den Tagebüchern erwähnt, die ich jedoch nicht lese,
weil ich das indiskret finde. Meistens negativ, wie ich vermute.«[224] Obschon
sich in den Tagebüchern auch positive Äußerungen über sie finden, lag sie
damit nicht falsch.

In der Ablehnung der Schwester ging Erika Mann am weitesten. Mit der
Haltung, in der sie ihre Ansichten über Thomas Mann als die maßgeblichen
ausgab, verbat sie sich geradezu jede familiäre Darstellung durch ihre
Schwester, insbesondere über den Vater. Darin war sie sich mit Katia Mann
einig, die schon *Vergangenes und Gegenwärtiges* als »[u]naufrichtig, schief
und illegitim«[225] verurteilt hatte. Auch den Beitrag Monikas zu einem Ge-
denkbuch für den verstorbenen Bruder Klaus lehnte Erika ab.

Und als Monika Mann sich gar unterfing, unter dem Titel »Wir sind
elf« eine Anthologie aller schreibenden Mitglieder der Familie Mann herauszugeben, untersagte Erika ihr die Verwendung eigener Texte wie solcher von Klaus:

»Der von Dir geplante Anthologie-Titel, ›Wir sind elf‹ (wobei Du übrigens Ernst Dohm vergessen hast), lässt darauf schließen, dass Du an das

✑ Monika Mann im elterlichen Garten, Pacific Palisades, um 1940.

Viktor Mann-Buch ›Wir waren fünf‹ gedacht hast und Dich gewissermaßen durch diesen Band legitimiert fühlst. Das war aber eine völlig andere Art von Buch.«

Viktor habe keineswegs daran gedacht, sich für einen Schriftsteller zu halten, und habe sich durchaus nicht an die Seite seiner großen, schreibenden Brüder gerückt. »Was er machte, war ein ›Portrait‹ seiner Familie, – auch ein Portrait seiner selbst, also eine Autobiographie. Mit der von Dir geplanten Veranstaltung hat ›Wir waren fünf‹ nicht das Entfernteste zu tun.«[226]

In die postume Sammlung *Das fahrende Haus*, die Karin Andert 2007 aus dem Nachlass herausgab, fanden Teile von *Wir sind elf* dennoch Eingang. Über Schwester Erika heißt es dort: »Nach dem Tod des Vaters beginnt das Eigentliche. In schwarzen Atlas und Zigarettenrauch gehüllt, verläßt sie ihr Dachzimmer nicht und besorgt bis zum letzten Lebensfunken den väterlichen Nachlaß.«[227]

Was Viktor Manns *Wir waren fünf* angeht, wollte Erika Mann übrigens die Erste gewesen sein, die dem Buch »eine schöne Zukunft prophezeit« hat:

»Wie Sie wissen oder nicht wissen«, schrieb sie im Frühjahr 1966 an den Verleger Johannes Weyl nach Konstanz, »nach der Lektüre eines Teils des Manuskripts (oder waren es schon Korrekturfahnen?) fühlten T. M. und meine Mutter sich noch unsicher bezüglich der Wirksamkeit dieses Familienbildes. Ich aber sagte mit Bestimmtheit: Das ist erstaunlicher Weise [sic!] ein ›Wurf‹, etwas ungemein Gewinnendes, schlafwandlerisch Geschicktes (womit kein Tadel ausgesprochen sein wollte).«[228]

Zum 60. Geburtstag am 27. März 1969 gratulierte Monika ihrem Bruder Golo, den sie »etwas einsiedlerisch« und einen »Hagestolz, von Natur aus griesgrämig« nannte, mit einem Brief, den *Die Tat* abdruckte. Im Buket ihrer Wünsche fehlte der geliebte Bodensee so wenig wie Komik und Kulinarisches: »Ich gratuliere, rasch noch Deine Leibspeisen vor Dich hinbreitend: ein knusprig blauer

Thomas Mann mit Monika, Pacific Palisades, um 1940.

ERIKA MANN

F.d.a.D.M.
ges. 14.3.66   X

KILCHBERG AM ZÜRICHSEE
ALTE LANDSTRASSE 39

4. März 1966

Lieber Herr Weyl, –

habenSie vielen, herzlichen Dank für die
Neuauflage von "Wir waren Fünf".

Da sind, scheint mir, viele wichtige Verbesserungen
vorgenommen worden, und jedenfalls bin ich froh, im
Besitze der nun wohl endgültigen Fassung zu sein.

Wie Sie wissen oder nicht wissen, war ich die
Erste, die dem Werk eine schöne Zukunft prophezeite.
Nach der Lektüre eines Teils des Manuskripts (oder
waren es schon Korrekturfahnen ?) fühlten T. M. und
meine Mutter sich noch unsicher bezüglich der Wirksamkeit dieses Familienbildes. Ich aber sagte mit
Bestimmtheit: Das ist erstaunlicher Weise ein "Wurf",
etwas ungemein Gewinnendes, schlafwandlerisch Geschicktes (womit kein Tadel ausgesprochen sein wollte).

Ich bin mitten in der Abreise nach dem ärztlich
verordneten Leukerbad und muss schon Schluss machen.

Wie immer freundlichst

die Ihre:

Erika Mann

Brief Erika Manns vom 4. März 1966 an Johannes Weyl: »Haben Sie vielen
herzlichen Dank für die Neuauflage von ›Wir waren Fünf‹ [...]«.

Wandertag in den Schweizer Bergen – ein österreichischer Strudel und die deutschen Romantiker – eine italienische Oper und ein englisches Frühstück – französischer Wein und der Bodensee – Karl Valentin und Wilhelm Busch – eine Boxerhündin und der Komiker Qualtinger [...].«[229]

Monika Mann starb am 17. März 1992 und wurde, unbemerkt von der Öffentlichkeit, im Grab ihrer Eltern in Kilchberg beigesetzt. Ihr zwei Jahre darauf verstorbener Bruder Golo wurde in gemessenem Abstand vom Elterngrab beigesetzt.

»... etwas neuartig Eigenes«

Frido Mann und
das Weltkloster Radolfzell

~~~~~~

»MEIN GROSSVATER WAR TOT«. So beginnt Frido Mann seinen autobiografischen Roman *Professor Parsifal* – ausgerechnet jener Frido Mann, den die Nachwelt auf seine Rolle als Lieblingsenkel Thomas Manns festgelegt hat. Er selbst hat diese Zuschreibung wie auch die ganze Familiengeschichte indes als »goldenen Käfig«[230] erlebt, als »Bann« eines »Zauberreichs«, der ihn vom eigentlichen Leben fernhielt.[231] Sich davon zu befreien, wurde für ihn zur Lebensaufgabe. In *Professor Parsifal* wie auch in seiner Autobiografie *Achterbahn* hat Frido Mann diesen Weg beschrieben.

Doch musste ihn der Wunsch nach »Abgrenzung gegenüber meiner Familie, insbesondere gegenüber meinem Großvater«[232] – sofern er sie schreibend vollzog und damit das Schreiben bis in die fünfte Generation

⌒ Katia und Thomas Mann mit ihren Enkeln Frido und Toni, Pacific Palisades, 1945.

weitertrieb – nicht umso tiefer in den »familiären Schreibschoß«[233] zurückführen? Was half es da, dass Frido Mann vehement bestritt, »jetzt etwa ›Schriftsteller‹ […] werden«[234] zu wollen? Andererseits war es nicht zufällig die »aufwühlende Lektüre«[235] des Lebensberichts *Der Wendepunkt*, die ihn zu eigenem autobiografischen Schreiben bewog – jenes Buch seines Onkels Klaus Mann mithin, der mit seinem Freitod dreiundvierzigjährig »seiner Familie sozusagen für immer den Rücken kehrte«[236]. Frido Mann las es als Zeugnis eines gewollten Abschieds; daran wollte er anknüpfen.

Frido Mann, Alexandra Mann (Weltkloster e.V.) und Till Uwe Keil (v. li. n. re.) bei einem Podiumsgespräch über Verantwortung von Religion, Radolfzell, 2014.

Frido Manns Weg zum Schreiben hatte von der Musik über die Theologie (samt Konversion zum Katholizismus) zu Medizin und Psychologie geführt. Diese Entwicklung spiegelt sich in der selbstkritischen Frage, »[o]b ich über das Scheitern der neuen Denkansätze der Kirchenreformen des Zweiten Vatikanischen Konzils, des ›Dritten Weges‹ zwischen Kapitalismus und Kommunismus, der neuen Therapiekonzepte dermaßen enttäuscht bin, dass mir nichts anderes einfällt, als es meinen Ahnen gleichzutun«[237].

Fachbüchern über Medizin und Psychologie waren so seit den Achtzigerjahren mehrere Romane gefolgt, darunter *Brasa* (1999), *Hexenkinder* (2000) und *Babylon* (2007).

Was die Auseinandersetzung mit der eigenen Familiengeschichte angeht, schlug Mann einen Weg ein, der in der Verlängerung sozialer und ethischer Verantwortung liegt. So verfolgt er etwa die Idee, das Geburtshaus seiner Urgroßmutter Julia da Silva-Bruhns in Paraty in ein euro-brasilianisches Kulturzentrum umzuwandeln – eine Absicht, die dem Bewusstsein entspringt, dass die heutige Situation der Welt immer dringender »Solidarität, Achtsamkeit und Mut zum Handeln«[238] erfordert.

Schließlich hat Mann, der sich weitgefächerten humanistischen Zielsetzungen verpflichtet weiß, im Weltkloster Radolfzell am Bodensee etwas »neuartig Eigenes« entdeckt. Dessen praktisches und religionsübergreifendes Konzept geht seiner Ansicht nach über andere Ansätze – wie etwa das in der Theorie verharrende »Projekt Weltethos« eines Hans Küng – weit hinaus.

Frido Mann unterstützt das Weltkloster Radolfzell nicht nur; er hat auch dessen Schirmherrschaft übernommen. Der Schwerpunkt dieses Modells liegt für Mann auf »spiritueller Selbstfindung und dialogisch begründeter Empathie«, die er im Dienst eines »Bewusstsein[s] gemeinsamer Ursprünge aller Religionen« sieht. Damit, so Frido Mann, gehe das Weltkloster Radolfzell als »pluralistische und vor allem intermonastische Begegnungs- und Dialogstätte« für Vertreter aller Weltreligionen und Kulturen »einen wesentlichen Schritt über die gängige Praxis im interreligiösen Dialog hinaus«.

Schlussbemerkung

AM BEGINN DIESER DARSTELLUNG standen die Erinnerungen Julia Manns. Sie erschienen 1958 unter dem Titel »Aus Dodos Kindheit« im Konstanzer Rosgarten-Verlag. Im selben Jahr brachte der Konstanzer Verlag einen weiteren einschlägigen Titel heraus: Gunter Böhmers *Malernotizen* – entstanden anlässlich von Thomas Manns 80. Geburtstag. Der mit Hermann Hesse befreundete Künstler war Thomas Mann erstmals 1934 begegnet, als dieser von Küsnacht aus Montagnola besuchte. Böhmer fertigte damals skizzenhafte Porträts von Mann an.

Nun bot, zwei Jahrzehnte später, die Zürcher Feier zu Manns 80. Geburtstag 1955 die Gelegenheit zu weiteren zeichnerischen Impressionen. Nach Mozarts *Kleiner Nachtmusik* und Fritz Strichs Festrede kam die Reihe an Thomas Mann selbst: Er las aus *Felix Krull*. Manns Auftritt setzte Böhmers Zeichenfeder wiederum in Bewegung. »Rasch«, so der Künstler, »war die Atmosphäre von einer spirituellen Fiebrigkeit erfüllt, die sich unmerklich zu einem heiter-gespenstischen Huschen und Flackern zu steigern schien. Auch mich saugte dieses unruhig wehende Licht ein, in dem mir alle Erscheinungen zu transparenten Bildern wurden, überdeutlich und ganz fern zugleich, verdichtete Gegenwart und geheimnisvolles Maskenspiel.«[239]

Anhang

~~~~~~~~~~

Literaturauswahl

Andert, Karin, *Monika Mann. Eine Biographie.* Hamburg: Mare 2010.

Armbrust, Heinz J., Heine, Gert, *Wer ist wer im Leben von Thomas Mann? Ein Personenlexikon.* Frankfurt am Main: Klostermann 2008.

Bürgin, Hans, Mayer, Hans-Otto, *Thomas Mann. Eine Chronik seines Lebens.* 2. Auflage, Frankfurt am Main: Fischer Taschenbuch 1980.

Die Briefe der Manns. Ein Familienporträt. Hrsg. von Tilmann Lahme, Holger Pils und Kerstin Klein. Frankfurt am Main: S. Fischer 2016.

Harpprecht, Klaus, *Thomas Mann. Eine Biographie.* Reinbek bei Hamburg: Rowohlt 1995.

Heine, Gert, Schommer, Paul, *Thomas Mann Chronik.* Frankfurt am Main: Klostermann 2004.

Hoben, Josef, *Thomas Mann und die Seinen am Bodensee,* in: *Leben am See. Heimatjahrbuch des Bodenseekreises, Bd. 9.* Tettnang: Senn 1991 (= Leben am See) und Uhldingen: Hoben o. J. (= Revival 3).

Jens, Inge und Walter, *Katias Mutter. Das außerordentliche Leben der Hedwig Pringsheim.* Reinbek bei Hamburg: Rowohlt 2007.

Kappeler, Manfred, *»Wir wurden in ein Landerziehungsheim geschickt«. Klaus Mann und seine Geschwister in Internatsschulen.* Berlin: Nicolai 2012.

Koopmann, Helmut (Hg.), *Thomas-Mann-Handbuch.* Stuttgart: Kröner 2001.

Kurzke, Hermann, *Thomas Mann. Das Leben als Kunstwerk.* München: Beck 1999.

Lahme, Tilmann, *Golo Mann. Biographie.* Frankfurt am Main: S. Fischer 2009.

Ders., *Die Manns. Geschichte einer Familie.* Frankfurt am Main: S. Fischer 2015.

Larese, Dino, *Auf dem Weg zum Menschen. Begegnungen. Biographien. Dokumentationen.* Amriswil: Amriswiler Bücherei 1989.

Mann, Erika, *Briefe und Antworten 1922–1950 (Bd. I).* Hrsg. von Anna Zanco Prestel. München: Edition Spangenberg bei Ellermann 1984.

Mann, Golo, *Mit wehmütigem Vergnügen,* in: *Mein Bodensee. Liebeserklärung an eine Landschaft.* Hrsg. von Gerd Appenzeller. Konstanz: Südkurier 1984.

Ders., *Erinnerungen und Gedanken. Band 1. Eine Jugend in Deutschland.* Frankfurt am Main: S. Fischer 1986.

Ders., *Briefe 1932–1992.* Hrsg. von Tilmann Lahme und Kathrin Lüssi. Göttingen: Wallstein 2006.

Ders., *Man muss über sich selbst schreiben. Erzählungen, Familienporträts, Essays.* Hrsg. von Tilmann Lahme. Frankfurt am Main: S. Fischer 2009.

Mann, Klaus, *Der Wendepunkt. Ein Lebensbericht.* Hrsg. und mit einem Nachwort von Fredric Kroll. Reinbek bei Hamburg: Rowohlt 2006.

Ders., *Briefe und Antworten 1922–1949 (Bd. I).* München: Edition Spangenberg bei Ellermann 1975.

Mann, Monika, *Vergangenes und Gegenwärtiges. Erinnerungen.* Reinbek bei Hamburg: Rowohlt 2001.

Dies., *Das fahrende Haus. Aus dem Leben einer Weltbürgerin.* Hrsg. von Karin Andert. Reinbek bei Hamburg: Rowohlt 2007.

Mann, Thomas, *Tagebücher.* Hrsg. von Peter de Mendelssohn, ab 1986 von Inge Jens. Frankfurt am Main: S. Fischer 1977ff.

Ders., *Brief über die Schweiz,* in: *Gesammelte Werke in dreizehn Bänden. Bd. XIII: Nachträge.* Frankfurt am Main: S. Fischer 1960, 1974.

Ders., *Briefe an Otto Grautoff 1894–1901 und Ida Boy-Ed 1903–1928.* Frankfurt am Main: S. Fischer 1975.

Mann, Viktor, *Wir waren fünf. Bildnis der Familie Mann.* 5., erweiterte Auflage. Konstanz: Südverlag 2017.

Pringsheim, Hedwig, *Mein Nachrichtendienst. Briefe an Katia Mann 1933–1941.* Hrsg. und kommentiert von Dirk Heißerer. 2 Bde. Göttingen: Wallstein 2013.

Sprecher, Thomas, *Thomas Mann in Zürich.* Zürich: *Neue Zürcher Zeitung* 1992.

Thomas Mann – Ernst Bertram. Briefe aus den Jahren 1910–1955. Hrsg. von Inge Jens. Pfullingen: Neske 1960.

Anmerkungen

1 Dirk Heißerer, *Vertauschte Orte. Doktor Faustus in München*, in: Heinrich Detering, Friedhelm Marx, Thomas Sprecher (Hg.): *Thomas Manns Doktor Faustus. Neue Ansichten, neue Einsichten* (Thomas-Mann-Studien Bd. 46). Frankfurt am Main: Klostermann 2013, S. 193.

2 Carl Helbling, *Zum »Zauberberg« von Thomas Mann*, in: *Das Bodenseebuch 1927*. Landschlacht: Karl Hönn 1926, S. 87.

3 Klaus Mann, *Zweimal Deutschland. Aufsätze, Reden, Kritiken 1938–1942*. Hrsg. von Uwe Naumann und Michael Töteberg. Reinbek bei Hamburg: Rowohlt 1994, S. 134.

4 Eva Kormann, *Dodo – Julia – Frau Heinrich Mann. Zu Julia Manns »Erinnerungen aus Dodos Kindheit«*, in: Jean-Marie Valentin (Hg.), *Akten des XI. Internationalen Germanistenkongresses Paris 2005 – Germanistik im Konflikt der Kulturen*. Bern usw.: Peter Lang 2007, S. 43.

5 Julia Mann, *Reiseskizze unserer 1888er Reise in kurzem Umriß*, in: dies., *Ich spreche so gern mit meinen Kindern. Erinnerungen*. 3. Auflage. Berlin: Aufbau 2000, S. 80.

6 Brief von Viktor Mann an Johannes Weyl, Archiv Südverlag GmbH, Konstanz.

7 Klaus Mann, *Kind dieser Zeit*. Nachwort von Uwe Naumann. 3. Auflage. Reinbek bei Hamburg: Rowohlt 2000, S. 172. Copyright © 1967, 2000 Rowohlt Taschenbuch Verlag GmbH, Reinbek bei Hamburg.

8 *Die Briefe der Manns. Ein Familienporträt.* Hrsg. von Tilmann Lahme, Holger Pils und Kerstin Klein. Frankfurt am Main: S. Fischer 2016, S. 25–28. © S. Fischer Verlag GmbH, Frankfurt am Main 2016.

9 Wie Anm. 7, S. 172f.

10 *»Ruhe gibt es nicht, bis zum Schluss«. Klaus Mann (1906–1949). Bilder und Dokumente.* Hrsg. von Uwe Naumann. Reinbek bei Hamburg: Rowohlt 1999, S. 45.

11 Thomas Mann, *Tagebücher 1918–1921*. Hrsg. von Peter de Mendelssohn. Frankfurt am Main: S. Fischer 1979, S. 18. © S. Fischer Verlag GmbH, Frankfurt am Main 1979.

12 Wie Anm. 7, S. 103.

13 Ebd., S. 144.

14 Ebd., S. 158.

15 Klaus Mann, *Der Wendepunkt*. München: Edition Spangenberg bei Ellermann, 1981,

S. 113. Letzte Ausgabe: Klaus Mann, *Der Wendepunkt. Ein Lebensbericht.* Hrsg. und mit einem Nachwort von Fredric Kroll. Copyright © 1993, 2006 Rowohlt Verlag GmbH, Reinbek bei Hamburg.

16 Ebd., S. 113.

17 Golo Mann, *Briefe 1932–1992*. Veröffentlichungen der Deutschen Akademie für Sprache und Dichtung Darmstadt, Bd. 87. Hrsg. von Tilmann Lahme und Kathrin Lüssi. Göttingen: Wallstein 2006, S. 230. © Wallstein Verlag, Göttingen 2006.

18 Golo Mann, *Erinnerungen und Gedanken. Band 1. Eine Jugend in Deutschland.* Frankfurt am Main: S. Fischer 1986, S. 16. © S. Fischer Verlag GmbH, Frankfurt am Main 1986.

19 Ebd., S. 362.

20 Wie Anm. 18, S. 121.

21 Golo Mann, *Mit wehmütigem Vergnügen*, in: *Mein Bodensee. Liebeserklärung an eine Landschaft.* Hrsg. von Gerd Appenzeller. Konstanz: Südkurier 1984, S. 125. © Südkurier GmbH, Konstanz.

22 Wie Anm. 18, S. 124.

23 Zit. nach Inge und Walter Jens, *Frau Thomas Mann. Das Leben der Katharina Pringsheim.* Reinbek bei Hamburg: Rowohlt 2003, S. 128.

24 Monika Mann, *Vergangenes und Gegenwärtiges. Erinnerungen.* Reinbek bei Hamburg: Rowohlt 2001, S. 39f. Copyright © 2001 Rowohlt Taschenbuch Verlag GmbH, Reinbek bei Hamburg.

25 Ebd., S. 40f.

26 Wie Anm. 8, S. 42f.

27 Wie Anm. 18.

28 Ebd., S. 147.

29 Wie Anm. 24, S. 42.

30 Wie Anm. 7, S. 251.

31 Wie Anm. 24, S. 41f.

32 Wie Anm. 24, S. 48ff.

33 Wie Anm. 11, S. 134.

34 Wie Anm. 18, S. 159.

35 E. Glassen, *Die Antigone*, in: *Salemer Hefte*, Frühjahr 1927, S. 7.

36 *Salemer Hefte*, Herbst 1926, o. S.

37 Wolf Jobst Siedler, *Voraus kommt eine Bitterkeit gegangen. Im Wechselgespräch über die europäische Dichtkunst durch die Wälder um Zürich und in den Taunus*, in: *Frankfurter Allgemeine Zeitung*, 18. Dezember 2004, S. 41.

38 Golo Mann, *Man muss über sich selbst*

schreiben. *Erzählungen, Familienporträts, Essays.* Frankfurt am Main: S. Fischer 2009, S. 38f.

39 Wie Anm. 17, S. 39.

40 Wie Anm. 21, S. 119.

41 Manfred Fuhrmann, *Jugendjahre am Bodensee. Zur Verleihung des Bodensee-Literaturpreises 1987 an Golo Mann*, in: *Allmende 7*, 1987, H. 18/19, S. 229.

42 Wie Anm. 18, S. 145.

43 Wie Anm. 21, S. 119.

44 Wie Anm. 18, S. 200.

45 Ebd., S. 205.

46 Wie Anm. 21, S. 119.

47 Ebd., S. 120.

48 Tilmann Lahme, *Golo Mann. Biographie.* Frankfurt am Main: S. Fischer 2009, S. 84.

49 Vgl. ebd., S. 86.

50 Ebd., S. 39.

51 Lea Singer, *Die Poesie der Hörigkeit.* Hamburg: Hoffmann und Campe 2017, S. 87. Copyright © 2017 by Hoffmann und Campe Verlag, Hamburg.

52 Klaus Harpprecht, *Thomas Mann. Eine Biographie.* Reinbek bei Hamburg: Rowohlt 1995, S. 587. Copyright © 1995 Klaus Harpprecht, erschienen 1995 im Rowohlt Verlag, Reinbek bei Hamburg.

53 Thea Sternheim, *Tagebücher 1903–1971*, Bd. 2: *1925–1936.* Göttingen: Wallstein 2002, S. 34f. Letzte Ausgabe: Thea Sternheim, *Tagebücher 1903–1971.* Mit Gesamttext auf CD-ROM. Hrsg. und ausgewählt von Thomas Ehrsam und Regula Wyss i. A. der Heinrich Enrique Beck-Stiftung. © Wallstein Verlag, Göttingen 2011.

54 Erika Mann, *Briefe und Antworten. 1922–1950 (Band 1).* Hrsg. von Anna Zanco Prestel. München: Ellermann 1984, S. 13. Copyright © 1984 Verlag Heinrich Ellermann, München. (Abdruck mit freundlicher Genehmigung des Rowohlt Verlags, Reinbek bei Hamburg).

55 Zit. nach Klaus Harpprecht, wie Anm. 52, S. 603.

56 Wie Anm. 15, S. 132.

57 Wie Anm. 21, S. 119.

58 Klaus Mann, *Briefe und Antworten. 1922–1949 (Bd. I).* München: Ellermann 1975, S. 37f. Letzte Ausgabe: Klaus Mann, *Briefe und Antworten. 1922–1949.* Hrsg. von Martin Gregor-Dellin, mit einem Vorwort von Golo Mann. Copyright © 1987 Verlag Heinrich Ellermann, München. Rowohlt Taschenbuch Verlag GmbH, Reinbek bei Hamburg 1991. (Abdruck mit freundlicher Genehmigung des Rowohlt Verlags, Reinbek bei Hamburg).

59 Klaus Mann, *Carl Sternheims Originalität*, in: *Die Heimsuchung des europäischen Geistes. Aufsätze.* Hrsg. von Martin Gregor-Dellin. München: dtv 1973, S. 89.

60 Thea Sternheim, *Erinnerungen.* Hrsg. von Helmtrud Mauser in Verbindung mit Traute Hensch. Freiburg: Kore 1995, S. 435.

61 Carl Sternheim, *Die Schule von Uznach oder Neue Sachlichkeit. Lustspiel.* Berlin, Wien, Leipzig: Paul Zsolnay 1926, S. 11.

62 Ebd., S. 11.

63 Wie Anm. 60, S. 435.

64 Wie Anm. 51, S. 82f.

65 Wie Anm. 58, S. 54.

66 Ebd., S. 59.

67 Carl Sternheim, *Briefe II. Briefwechsel mit Thea Sternheim, Dorothea und Klaus Sternheim 1906–1942.* Hrsg. von W. Wendler, Darmstadt: Luchterhand 1988, S. 884.

68 Uta Fleischmann (Hg.), *»Wir werden es schon zuwege bringen, das Leben«. Annemarie Schwarzenbach an Erika und Klaus Mann. Briefe 1930–1942.* Pfaffenweiler: Centaurus 1993, S. 170.

69 Vgl. Barbara Murken, *»Die Träume waren großartig, abenteuerlich und schön.« Ricki Hallgarten, Erika Mann und ihre Kinder-Buch-Träume von einer besseren Welt*, in: *Aus dem Antiquariat NF 2017*, H. 3, S. 125.

70 Helga Keiser-Hayne, *»Beteiligt euch, es geht um eure Erde«. Erika Mann und ihr politisches Kabarett »Die Pfeffermühle« 1933–1937. Texte, Bilder, Hintergründe.* Reinbek bei Hamburg: Rowohlt 1995. Copyright © 1995 Rowohlt Taschenbuch Verlag GmbH, Reinbek bei Hamburg.

71 Erika und Klaus Mann, *Escape to Life. Deutsche Kultur im Exil.* München: Edition Spangenberg 1991, S. 197.

72 Eveline Hasler, *Stürmische Jahre. Die Manns, die Riesers, die Schwarzenbachs.* München: Nagel & Kimche 2015, S. 121.

73 Vgl. Hansjörg Quaderer, Hannes Binder, *Jener furchtbare 5. April 1933. Pogrom in Liechtenstein.* Zürich: Limmat 2013.

74 Thomas Mann, *Tagebücher 1933–1934.* Hrsg. von Peter de Mendelssohn. Frankfurt am Main: S. Fischer 1977, S. 574. © S. Fischer Verlag GmbH, Frankfurt am Main 1977.

75 Manfred Flügge, *Heinrich Mann. Eine Biographie.* Reinbek bei Hamburg: Rowohlt 2006, S. 195.

76 *Thomas Mann – Heinrich Mann, Briefwechsel 1900–1949.* Hrsg. von Hans Wysling. Erweiterte Neuausgabe. Frankfurt am Main: S. Fischer 1984, S. 143.

77 Thea Sternheim, *Tagebücher 1903–1971*, Bd. 1: *1903–1925*, Göttingen: Wallstein 2002, S. 574. Letzte Ausgabe: Thea Sternheim, *Tagebücher 1903–1971.* Mit Gesamttext auf CD-ROM. Hrsg. und ausgewählt von Thomas Ehrsam und Regula Wyss i. A. der Heinrich Enrique Beck-Stiftung. © Wallstein Verlag, Göttingen 2011.

78 Vgl. *Heinrich Mann – Felix Bertaux, Briefwechsel 1922–1948.* Frankfurt am Main: S. Fischer 2002, S. 57–59.

79 Thomas Mann, *Brief über die Schweiz*, in: *Gesammelte Werke in dreizehn Bänden. Band XIII. Nachträge.* Frankfurt am Main: S. Fischer

1974, S. 49. © S. Fischer Verlag GmbH, Frankfurt am Main 1974.

80 Zit. nach Thomas Sprecher, *Schweizer werden. Thomas Manns letzte politische Hoffnung*, in: *Neue Zürcher Zeitung*, 14./15. September 1996.

81 Vgl. ebd.

82 Thomas Mann, *Der Zauberberg*. Frankfurt am Main: S. Fischer 1954, S. 3. © S. Fischer Verlag, Berlin 1924. Alle Rechte vorbehalten S. Fischer Verlag GmbH, Frankfurt am Main.

83 Zit. nach *Thomas Mann. Eine Chronik seines Lebens*. Zusammengestellt von Hans Bürgin und Hans-Otto Mayer. 2. Auflage, Frankfurt am Main: Fischer Taschenbuch 1980, S. 39.

84 Wie Anm. 8, S. 38.

85 Wie Anm. 52, S. 352.

86 Vgl. Martin Walser, *Ironie als höchstes Lebensmittel oder: Lebensmittel der Höchsten*, in: Heinz Saueressig, *Besichtigung des Zauberbergs*. Biberach: Wege und Gestalten 1974, S. 183ff.

87 Vgl. wie Anm. 52, S. 352.

88 Katia Mann, *»Liebes Rehherz«. Briefe an Thomas Mann 1920–1950*. Hrsg. von Inge Jens. München: peniope 2008, S. 157.

89 Vgl. Anm. 5, S. 292.

90 Wie Anm. 82, S. 539.

91 Ebd., S. 536–538.

92 Thomas Mann, *Gesammelte Werke in dreizehn Bänden. Band III*. Frankfurt am Main: S. Fischer 1974, S. 993. © S. Fischer Verlag GmbH, Frankfurt am Main 1974.

93 Franz Zeder, *Thomas Mann in Österreich*. Siegen: Carl Böschen 2001, S. 63.

94 Wie Anm. 82, S. 563.

95 Golo Mann, *Deutsche Geschichte des 19. und 20. Jahrhunderts*. Frankfurt am Main: Büchergilde Gutenberg 1966, S. 723. Copyright © 1958 Büchergilde Gutenberg Verlagsgesellschaft mbH, Frankfurt am Main.

96 Vgl. Hans Mayer, *Thomas Manns »Zauberberg« als Pädagogische Provinz*, in: *Sinn und Form* 1, 1949, H. 4, S. 48–66.

97 Zit. nach Golo Mann, *Möglichst wenig Angst und keine Langeweile. Rede zur Eröffnung eines Gymnasiums*, in: *Süddeutsche Zeitung*, 3./4. Mai 1969.

98 *Thomas Mann – Ernst Bertram, Briefe aus den Jahren 1910–1955*. Hrsg. von Inge Jens, Pfullingen: Neske 1960, S. 151.

99 Thomas Mann, *Briefe an Otto Grautoff 1894–1901 und Ida Boy-Ed 1903–1928*. Frankfurt am Main: S. Fischer 1975, S. 237. © S. Fischer Verlag GmbH, Frankfurt am Main 1975.

100 Klaus Mann, *München, März 1933*, in: ders., *Zahnärzte und Künstler. Aufsätze, Reden, Kritiken 1933–1936*, S. 15.

101 Wie Anm. 15, S. 326f.

102 Zit. nach Inge und Walter Jens, *Frau Thomas Mann*, wie Anm. 23, S. 142.

103 Zit. nach ebd., S. 194.

104 Thomas Sprecher, *Thomas Mann und die Schweiz*, in: Helmut Koopmann (Hg.),

105 Wie Anm. 18, S. 513.

106 Golo Mann, *Emigration. Zwei Vorträge*. Hrsg. von Kathrin Lüssi und Thomas Feitknecht. Bern: Huber 1999, S. 32. (Abdruck mit freundlicher Genehmigung von Frau Claudia Beck-Mann.)

107 Wie Anm. 18, S. 516.

108 Wie Anm. 74, S. 65f. Nur noch einmal, im August 1950, taucht Rorschach in den Tagebüchern auf, als Thomas Mann über den Arlberg nach Zürich reiste. Vgl. Thomas Mann, *Tagebücher 1949–1950*. Hrsg. von Inge Jens. Frankfurt am Main: S. Fischer 1991, S. 243. © S. Fischer Verlag GmbH, Frankfurt am Main 1991.

109 Ebd., S. 66.

110 Wie Anm. 18, S. 522.

111 Ebd., S. 522.

112 Jürgen Kolbe, *Heller Zauber. Thomas Mann in München 1894–1933*. Berlin 2001, S. 416.

113 Heinz Saueressig, *Die Entstehung des Romans »Der Zauberberg«*, in: ders. (Hg.), *Besichtigung*, wie Anm. 86, S. 16.

114 Thomas Mann, *Betrachtungen eines Unpolitischen*, aus: ders., *Gesammelte Werke in dreizehn Bänden, Bd. XII. Reden und Aufsätze 4*. Frankfurt am Main: S. Fischer 1974, S. 458f. © S. Fischer Verlag GmbH, Frankfurt am Main 1960, 1974.

115 Klaus Harpprecht in: *Die Zeit* Nr. 9, 21. Februar 1992, S. 72.

116 Wie Anm. 92, Bd. XII, S. 9.

117 Ebd., Bd. XII S. 854.

118 Brief an Ernst Bertram, 6. August 1918, zit. nach Peter de Mendelssohn, *Der Zauberer. 1. Tl. 1875–1918*, Frankfurt am Main: S. Fischer 1975, S. 1143.

119 Thomas Mann, *Gesang vom Kindchen*, in: *Die Erzählungen*. Frankfurt am Main: S. Fischer 1975, Bd. 2, S. 833.

120 Thomas Mann, *Tagebücher 1935–1936*. Hrsg. von Peter de Mendelssohn. Frankfurt am Main: S. Fischer 1978, S. 154f. © S. Fischer Verlag GmbH, Frankfurt am Main 1978.

121 Zit. nach Guy Stern, *Alfred Neumann*, in: *Deutsche Exilliteratur seit 1933. 1. Kalifornien*. Hrsg. von John M. Spalek, Joseph Strelka. Bern, München: Francke 1976, Tl. 1, S. 548.

122 Wie Anm. 120, S. 354.

123 Wie Anm. 21, S. 120 ff.

124 Wie Anm. 120, S. 215.

125 Vgl. ebd., S. 256.

126 Ebd., S. 260.

127 Ebd., S. 384.

128 Ebd., S. 388.

129 Ebd., S. 393.

130 Wie Anm. 119, S. 829.

131 Zit. nach Klaus Bäumler, *Kuno Fiedler (1895–1973). Ein deutsches Schicksal*, in: Dirk Heißerer (Hg.), *Thomas Mann in München*.

Vortragsreihe Sommer 2003, München: peniope 2004, S. 156.

132 *Aus dem Briefwechsel Thomas Mann – Kuno Fiedler.* Hrsg. von H. Wysling, in: *Blätter der Thomas-Mann-Gesellschaft 1971*, H. 11, S. 5.

133 Wie Anm. 74, S. 331.

134 Wie Anm. 120, S. 398.

135 Wie Anm. 15, S. 347.

136 Hedwig Pringsheim, *Mein Nachrichtendienst. Briefe an Katia Mann 1933–1941.* Hrsg. und kommentiert von Dirk Heißerer. Göttingen 2013, Bd. 2, S. 125. © Wallstein Verlag, Göttingen 2013.

137 Wie Anm. 15, S. 348.

138 Wie Anm. 136, S. 138.

139 Zit. nach ebd., S. 466.

140 Vgl. Hedwig Pringsheim, *Tagebücher 1892–1897.* Hrsg. von Cristina Herbst. Göttingen: Wallstein 2014, Bd. 2, S. 495.

141 Wie Anm. 136, S. 136ff.

142 Wie Anm. 15, S. 446.

143 Wie Anm. 136, S. 222.

144 Ebd., S. 580.

145 Wie Anm. 38, S. 141.

146 Thomas Mann, *Tagebücher 1937–1939.* Hrsg. von Peter de Mendelssohn. Frankfurt am Main: S. Fischer 1980, S. 496. © S. Fischer Verlag GmbH, Frankfurt am Main 1980.

147 *Thomas Mann – Heinrich Mann. Briefwechsel 1900–1949.* Hrsg. von Hans Wysling. Erweiterte Neuausgabe. Frankfurt am Main: S. Fischer 1984, S. 277. Der Hinweis »Wahnfried« bezieht sich auf eine mutmaßliche Mithilfe des Hauses Wagner; Alfred Pringsheim war begeisterter Wagnerianer.

148 Wie Anm. 136, S. 232.

149 Ebd., S. 297.

150 Hans R. Vaget, *Schlechtes Wetter, gutes Klima. Thomas Mann in Amerika*, in: Helmut Koopmann (Hg.), *Thomas-Mann-Handbuch.* 3. Auflage. Stuttgart: Kröner 2001, S. 70.

151 Thomas Mann, *Tagebücher 1940–1943.* Hrsg. von Peter de Mendelssohn. Frankfurt am Main: S. Fischer 1982, S. 511. © S. Fischer Verlag GmbH, Frankfurt am Main 1982.

152 Roland Jaeger, *Luxus-Bändchen des Exils. Die Pazifische Presse (1942–1948)*, in: *Börsenblatt für den Deutschen Buchhandel*, Nr. 95, 27. November 1998, S. A 766.

153 Siehe John M. Spalek, Konrad Feilchenfeldt, Sandra Hawrylchak (Hg.), *Deutschsprachige Exilliteratur seit 1933.* USA Tl. 2. Bern 1976, S. 333; vgl. auch Thomas Mann, *Tagebücher 1944–1946.* Hrsg. von Inge Jens. Frankfurt am Main: S. Fischer 1986, S. 21. © S. Fischer Verlag GmbH, Frankfurt am Main 1986.

154 Thomas Mann, *Die Entstehung des Doktor Faustus. Roman eines Romans.* Frankfurt am Main: S. Fischer 1976, S. 691f. © 1949 by Bermann-Fischer/Querido-Verlag, Amsterdam. Alle Rechte vorbehalten S. Fischer Verlag GmbH, Frankfurt am Main.

155 Hans Rudolf Vaget, *Seelenzauber. Thomas Mann und die Musik.* Frankfurt am Main: S. Fischer 2006, S. 124.

156 Wie Anm. 151, S. 597.

157 Wie Anm. 155, S. 231.

158 Vgl. wie Anm. 154, Kapitel XIII.

159 Ebd., S. 562.

160 Vgl. hierzu Hermann J. Weigand, *Nachtrag zur »moralischen Verwirrung der Zeit«. Schillers Urenkel in Thomas Manns »Doktor Faustus«*, in: *Vierteljahrsschrift für Literaturwissenschaft und Geistesgeschichte 58*, 1984, S. 470ff.; ferner Fridolin Altweck, *Carl Alexander von Gleichen-Rußwurm. Erfolgsautor – Vorzeigearistokrat – Mäusebaron*, in: *Jahrbuch des Landkreises Lindau 21*, 2006, S. 116–129.

161 Thomas Mann, *Warum ich nicht nach Deutschland zurückkehre*, in: ders., *Gesammelte Werke*, wie Anm. 92, Bd. XII, S. 957. © S. Fischer Verlag GmbH, Frankfurt am Main 1974.

162 Ebd., S. 957.

163 Richard B. Matzig, *Thomas Mann liest vor*, in: *Gallus-Stadt. Jahrbuch der Stadt St. Gallen 1948*, S. 116.

164 Vgl. Thomas Mann, *Tagebücher 1946–1948.* Hrsg. von Inge Jens. Frankfurt am Main: S. Fischer 1989, S. 132f. © S. Fischer Verlag GmbH, Frankfurt am Main 1989.

165 Ebd., S. 136.

166 Stefan Länzlinger, Urs Lengwiler, »*Wenn Sie niemandem etwas sagen von den 300 Franken …*« *Kulturmanagement in Amriswil*, in: Urs Lengwiler (Hg.), *Wenn Sie niemandem etwas sagen von den 300 Franken … Europäische Kultur in Amriswil.* Amriswil 1999, S. 27.

167 *Amriswiler Anzeiger*, 4. August 1947.

168 Wie Anm. 164, S. 141f.

169 Thomas Mann, Brief an Dino Larese, 13. August 1947. © Alle Rechte vorbehalten S. Fischer Verlag GmbH, Frankfurt am Main 2017.

170 Wie Anm. 166, S. 18.

171 Wie Anm. 58, S. 266.

172 Vgl. Frederic Kroll, Klaus Täubert, *Der Tod in Cannes. Klaus-Mann-Schriftenreihe Bd. 6: 1943–1949.* Hannover 1996, S. 320.

173 Viktor Mann, *Wir waren fünf. Bildnis der Familie Mann.* 5. erweiterte Auflage. Konstanz: Südverlag 2017, S. 581–583.

174 Wie Anm. 164, S. 129f.

175 Erika an Katia und Thomas Mann, 24. März 1946; zit. nach Tilmann Lahme, *Die Manns. Geschichte einer Familie.* Frankfurt am Main: S. Fischer 2015, S. 318.

176 Thomas Mann, *Briefe II: 1914–1923.* Ausgewählt und hrsg. von Thomas Sprecher, Hans R. Vaget und Cornelia Bernini (= Große kommentierte Ausgabe Bd. 22). Frankfurt am Main: S. Fischer 2004, S. 423f.

177 Wie Anm. 52, S. 731.

178 Hermann Kurzke, *Thomas Mann. Das Leben als Kunstwerk.* München: Beck 1999, S. 200.

179 Ludwig Emanuel Reindl, *Gedenkblatt für*

Viktor Mann, in: *Südkurier*, 26. April 1949.
© Südkurier GmbH, Konstanz.

180 Dieses und die folgenden Zitate nach der Korrespondenz Viktor Manns mit dem Südverlag, Archiv Südverlag GmbH, Konstanz.

181 Thomas Mann, *Briefe 1948–1955 und Nachlese*. Hrsg. von Erika Mann. Frankfurt am Main: S. Fischer 1965, S. 17f.

182 Thomas Mann, *Tagebücher 1949–1950*. Hrsg. von Inge Jens. Frankfurt am Main: S. Fischer 1991, S. 124. © S. Fischer Verlag GmbH, Frankfurt am Main 1991.

183 Ebd., S. 133f.

184 Wie Anm. 18, S. 536.

185 Wie Anm. 182, S. 51.

186 Heinrich Mann, *Briefe an Karl Lemke und Klaus Pinkus*. Hamburg: Claassen 1964, S. 102f.

187 Zit. nach Klaus Harpprecht, wie Anm. 52, S. 1698.

188 Ludwig E. Reindl, *Ein Gespräch mit dem Dichter*, in: *Südkurier*, 2./3. Juli 1949; wieder abgedruckt in Volkmar Hansen, Gert Heine (Hg.), *Frage und Antwort. Interviews mit Thomas Mann 1909–1955*. Hamburg: Albrecht Knaus 1983, S. 300ff., hier S. 301.

189 Wie Anm. 175, S. 129f.

190 Wie Anm. 17, S. 96.

191 Wie Anm. 106, S. 26.

192 Ebd., S. 34.

193 Wie Anm. 17, S. 96.

194 Ebd., S. 180.

195 Wie Anm. 21, S. 122.

196 Wie Anm. 17, S. 142.

197 Ebd., S. 119.

198 Ebd., S. 121.

199 Wie Anm. 48, S. 235.

200 Ebd., S. 257.

201 Wie Anm. 17, S. 109.

202 Ebd., S. 121.

203 Wie Anm. 21, S. 123f.

204 Ebd., S. 124f.

205 Golo Mann, *Schloss Arenenberg*, in: ders., *Zwölf Versuche*. Frankfurt am Main: S. Fischer 1973, S. 265. © S. Fischer Verlag GmbH, Frankfurt am Main 1973.

206 Wie Anm. 17, S. 123.

207 Ebd., S. 160f.

208 Ebd., S. 189f.

209 Urs Bitterli, *Golo Mann. Instanz und Außenseiter. Eine Biographie*. Berlin: Kindler 2004, S. 511.

210 Wie Anm. 17, S. 289.

211 Ebd., S. 140.

212 Tilmann Lahme, *Einleitung*, in: ders. (Hg.), *Man muss…*, wie Anm. 38, S. 12.

213 Klaus W. Jonas, Holger R. Stunz, *Golo Mann. Leben und Werk*. Wiesbaden: Harrassowitz 2004, S. 51.

214 Vgl. Anm. 17, S. 272.

215 Gustav Seibt, *Die Tränen der Dinge. Zum Tode von Golo Mann*, in: *Frankfurter Allgemeine Zeitung*, 9. April 1994, S. 14.

216 Brief, 25. März 1980, zit. nach Golo Mann, wie Anm. 17, S. 400.

217 Wie Anm. 21, S. 118.

218 Zit. nach Inge Hubert (Hg.), *Bodensee-Literaturpreis der Stadt Überlingen 1987 an Golo Mann*. Salem 1987, S. 5.

219 Monika Mann, *Kleine Lebensbeichte*, in: *Das fahrende Haus. Aus dem Leben einer Weltbürgerin*. Reinbek bei Hamburg: Rowohlt 2007, S. 205. Copyright © 2007 Rowohlt Verlag GmbH, Reinbek bei Hamburg.

220 Wie Anm. 17, S. 300.

221 Frido Mann, *Achterbahn. Ein Lebensweg*. Reinbek bei Hamburg: Rowohlt 2008, S. 124.

222 Zit. nach Inge Jens, *Nachwort*, in: Monika Mann, *Vergangenes und Gegenwärtiges. Erinnerungen*. Reinbek bei Hamburg: Rowohlt 2001, S. 136. Copyright © 2001 Rowohlt Taschenbuch Verlag GmbH, Reinbek bei Hamburg.

223 Monika Mann, *»Mein Vater hatte mich nicht weiter gern«*, in: *Abendzeitung München*, 24. August 1979, zit. nach Thomas Sprecher, Fritz Gutbrodt (Hg.), *Die Familie Mann in Kilchberg*. Zürich: NZZ libro 2000, S. 179.

224 Wie Anm. 8, S. 25–28.

225 Zit. nach Inge und Walter Jens, wie Anm. 23, S. 282.

226 Zit. nach Monika Mann, wie Anm. 219, S. 194.

227 Ebd., S. 158.

228 Brief von Erika Mann an Johannes Weyl, 4. März 1966, Archiv Südverlag GmbH, Konstanz.

229 Wie Anm. 223, S. 179.

230 Frido Mann, *Professor Parsifal*. München: Rowohlt 1985, S. 7.

231 Vgl. ebd., S. 14.

232 Wie Anm. 221, S. 266.

233 Ebd., S. 265.

234 Ebd., S. 267.

235 Ebd., S. 265.

236 Ebd., S. 267.

237 Ebd., S. 267.

238 Dies und die folgenden Zitate aus einer Mail Frido Manns an den Autor vom 30. November 2017.

239 Gunter Böhmer, *Kleiner Bericht*, in: ders., *Thomas Mann an seinem achtzigsten Geburtstag*. Konstanz: Rosgarten-Verlag 1958, o. S.

Dank

Folgenden Personen danken Autor und Verlag für vielfältige Hilfestellungen und Hinweise, für die Bereitstellung von Bildern und Dokumenten sowie für die freundliche Erlaubnis zur Nutzung von Text- und Bildquellen im Rahmen dieser Publikation:

Günter Ackermann, Südkurier GmbH, Konstanz; Manfred Bahle, Gaienhofen; Claudia Beck-Mann, Leichlingen; Rolf Bolt, Thomas-Mann-Archiv der ETH Zürich, Zürich; Ekkehard Faude, Lengwil; Dr. Stefan Feucht, Kulturamt des Bodenseekreises, Salem; Michael Hepp, Konstanz; Dr. Ute Hübner, Hesse Museum, Gaienhofen; Katrin Keller, Thomas-Mann-Archiv an der ETH-Bibliothek, Zürich; Walter Liehner, Stadtarchiv Überlingen; Berthold Luick, Konstanz; Matthias Märkle M. A., Stadtarchiv Konstanz; Jindrich Mann, Prag; Karsten Meyer, Konstanz; Brigitte Mohn M. A., Kurt-Hahn-Archiv im Kreisarchiv Bodenseekreis, Salem; Bruno Oetterli-Hohlenbaum, Dozwil; Beat Oswald, Staatsarchiv des Kantons Thurgau, Frauenfeld; Dr. Rudolf Probst, Schweizerisches Literaturarchiv, Bern; Dr. Christian Reindl, Konstanz; Dr. Silke Schöttle, Stadtarchiv Konstanz; Angelika Speck, Archiv des Südkurier, Konstanz; Christof Stadler, Radolfzell; Dr. Barbara Stark, Wessenberg-Galerie der Stadt Konstanz; Dr. Brigitte Weyl, Berg.

Einen ersten Anstoß für dieses Buch gab dankenswerterweise Josef Hoben †, Uhldingen, mit seinem Aufsatz *Thomas Mann und die Seinen am Bodensee*.

Folgende Institutionen und Unternehmen haben dieses Buch entgegenkommend begleitet; für in diesem Zusammenhang erteilte Nutzungsgenehmigungen für Text- und Bildquellen danken Autor und Verlag:

akg-images, Berlin; Archiv Schulen Salem, Salem; Bibliothek der ETH Zürich, Zürich; Büchergilde Gutenberg Verlagsgesellschaft mbH, Frankfurt am Main; Hoffmann und Campe Verlag GmbH, Hamburg; S. Fischer Verlag GmbH, Frankfurt am Main; Kurt-Hahn-Archiv im Kreisarchiv Bodenseekreis, Salem; Photoglob AG, Hägendorf; Rowohlt Verlag GmbH, Reinbek bei Hamburg; Schweizerisches Literaturarchiv Bern; Staatsarchiv des Kantons Thurgau, Frauenfeld; Stadtarchiv Konstanz; Stadtarchiv Überlingen; Südkurier GmbH, Konstanz; Thomas-Mann-Archiv an der ETH-Bibliothek, Zürich; Wallstein Verlag GmbH, Göttingen.

Die Drucklegung erfolgte mit freundlicher Unterstützung folgender Institutionen, wofür Verlag und Autor Dank sagen:

Besonderen Dank schuldet der Autor seiner Lektorin Annette Güthner vom Südverlag für ihre Umsicht und ihr Engagement, die sie seinem Manuskript zukommen ließ.

Bildnachweis

akg-images
>akg-images: S. 37 und 40 (AKG93868), 38 (AKG8839), 43 (AKG93567), 46 (AKG139005), 50 (AKG143577), 100 (AKG79848), 123 und 128 (AKG8367), 127 (AKG8371)
>akg-images / arkivi: S. 19 (AKG4249824), 53 oben (AKG4157509), 65 (AKG4228059), 74 (AKG4070939), 90 (AKG4714416), 115 (AKG4777809), 135 (AKG4777950)
>akg-images / Fototeca Gilardi: S. 59 rechts (AKG4471618)
>akg-images / picture-alliance / dpa: S. 41 (AKG2745832), 119 (AKG2757493)
>akg-images / TT News Agency / SVT: S. 45 (AKG3962789)
>Bildarchiv Pisarek / akg-images: S. 94 (AKG620013)

Archiv Manfred Bahle, Gaienhofen: S. 87
Archiv Manfred Bosch, Konstanz: S. 13, 39, 47 (Buchausgabe), 73 links
Archiv Michael Hepp, Konstanz: S. 17 unten
Archiv Christian Reindl, Konstanz: S. 110, 126
ETH-Bibliothek Zürich, Thomas-Mann-Archiv
>ETH-Bibliothek Zürich, Thomas-Mann-Archiv: S. 53 unten (Abdruck mit freundlicher Genehmigung von Herrn Jindrich Mann)
>ETH-Bibliothek Zürich, Thomas-Mann-Archiv / Fotograf: Atelier Elvira: S. 21 (TMA_1094), 51 und 54 (TMA_0017)
>ETH-Bibliothek Zürich, Thomas-Mann-Archiv / Fotograf: Atelier Elisabeth: S. 27 links (TMA_0800), 27 rechts (TMA_1230), 66 (TMA_0639)
>ETH-Bibliothek Zürich, Thomas-Mann-Archiv / Fotograf: Comet-Photo AG [Original-Negativ: Bildarchiv der ETH-Bibliothek, Com_X-M023-158]: S. 92 (TMA_3414)
>ETH-Bibliothek Zürich, Thomas-Mann-Archiv / Fotograf: Fritz Krauskopf: S. 83 (TMA_0209)
>ETH-Bibliothek Zürich, Thomas-Mann-Archiv / Fotograf: Emil Meerkämper: S. 55 (TMA_2263)
>ETH-Bibliothek Zürich, Thomas-Mann-Archiv / Fotograf: Friedrich Müller / Theodor Hilsdorf: S. 71 (TMA_0067)
>ETH-Bibliothek Zürich, Thomas-Mann-Archiv / Fotograf: Georg Pettendorfer: S. 25 (TMA_2349)
>ETH-Bibliothek Zürich, Thomas-Mann-Archiv / Fotograf: Hermann Schwegerle: S. 11 unten (TMA_1289)
>ETH-Bibliothek Zürich, Thomas-Mann-Archiv / Fotograf: Henry Traut: S. 102 (TMA_8082)

ETH-Bibliothek Zürich, Thomas-Mann-Archiv / Fotograf: E. Wasow: S. 2 (TMA_0122), 20 (TMA_8056)
ETH-Bibliothek Zürich, Thomas-Mann-Archiv / Fotograf: Unbekannt: S. 9 und 11 oben (TMA_0005), 15 und 18 oben (TMA_5334), 18 unten (TMA_5328), 22 oben (TMA_0716), 22 unten (TMA_2274), 36 (TMA_0839), 42 (TMA_1210), 48 (TMA_1211), 52 (TMA_0558), 56 (TMA_0071), 58 (TMA_0288), 59 links (TMA_2264), 60 (TMA_0374), 63 (TMA_0338), 68 (TMA_0372), 73 rechts (TMA_0311), 76 (TMA_3959), 79 links (TMA_1313), 79 rechts (TMA_0593), 86 (TMA_3043), 89 (TMA_3016), 91 (TMA_3228), 98 (TMA_1280), 117 (TMA_0912), 125 (TMA_2390), 131 und 132 (TMA_3072)
Kurt-Hahn-Archiv im Kreisarchiv Bodenseekreis, Salem: S. 28, 29, 31, 35
Photoglob AG, Hägendorf, vormals Photoglob Co., Zürich (Y 5212 Edition): S. 67
Staatsarchiv des Kantons Thurgau, Frauenfeld
>StATG 9'46, 3.0/28 © Staatsarchiv des Kantons Thurgau: S. 93
>StATG Slg. 2.8.107 © Staatsarchiv des Kantons Thurgau: S. 97 und 99
>StATG Slg. 2, Foto Gross, St. Gallen (AK Nr. 34082; Altnau) © Staatsarchiv des Kantons Thurgau: S. 113
Christof Stadler, Radolfzell: S. 133
Stadtarchiv Konstanz
>Stadtarchiv Konstanz: Z I Bildsammlung, Z1. fi.455, Fotograf: Joseph Fischer: S. 17 oben
>Stadtarchiv Konstanz, Z I Bildsammlung, Z1.wolfH14-3739, Fotograf: Familie Wolf: S. 23 und 33
>Stadtarchiv Konstanz, Z I Bildsammlung, Z1. fi.171, Fotograf: Joseph Fischer: S. 80
>Stadtarchiv Konstanz, Z I Bildsammlung, Z1. fi.573.1, Fotograf: Joseph Fischer: S. 111 und 116
Südkurier GmbH, Archiv, Konstanz: S. 121
Südverlag GmbH, Konstanz: S. 12, 14, 101, 104, 105, 106, 107, 108, 109, 129

Impressum

Der Südverlag dankt FORUM ALLMENDE e.V. für die
freundliche Unterstützung.
Die Publikation erscheint zugleich in der Reihe Forum
Allmende portrait als Band 6.

Bibliografische Information der Deutschen Bibliothek
Die Deutsche Bibliothek verzeichnet diese Publikation in der
Deutschen Nationalbibliografie; detaillierte bibliografische
Daten sind im Internet über http://dnb.d-nb.de abrufbar.

ISBN 978-3-87800-112-6

© Südverlag GmbH, Konstanz 2018
Umschlag, Layout, Satz und Seitengestaltung:
Silke Nalbach, Mannheim
Umschlagabbildung, vorne: akg-images, Berlin (AKG4783124)
[Familie Mann] und Stadtarchiv Konstanz (Z I Bildsammlung
Z1.fi.178, Fotograf: Joseph Fischer) [See]
Umschlagabbildung, hinten: akg-images / arkivi (AKG4777809)
Druck und Bindung: C. Maurer GmbH & Co. KG,
Geislingen/Steige

Südverlag GmbH
Schützenstr. 24, 78462 Konstanz
Tel. 07531-9053-0, Fax: 07531-9053-98
www.suedverlag.de